나만의 베란다 텃밭이야기

유민형 저

미니멀 가드닝

쿠민사

나만의 베란다 텃밭이야기
- 미니멀 가드닝 -

contents

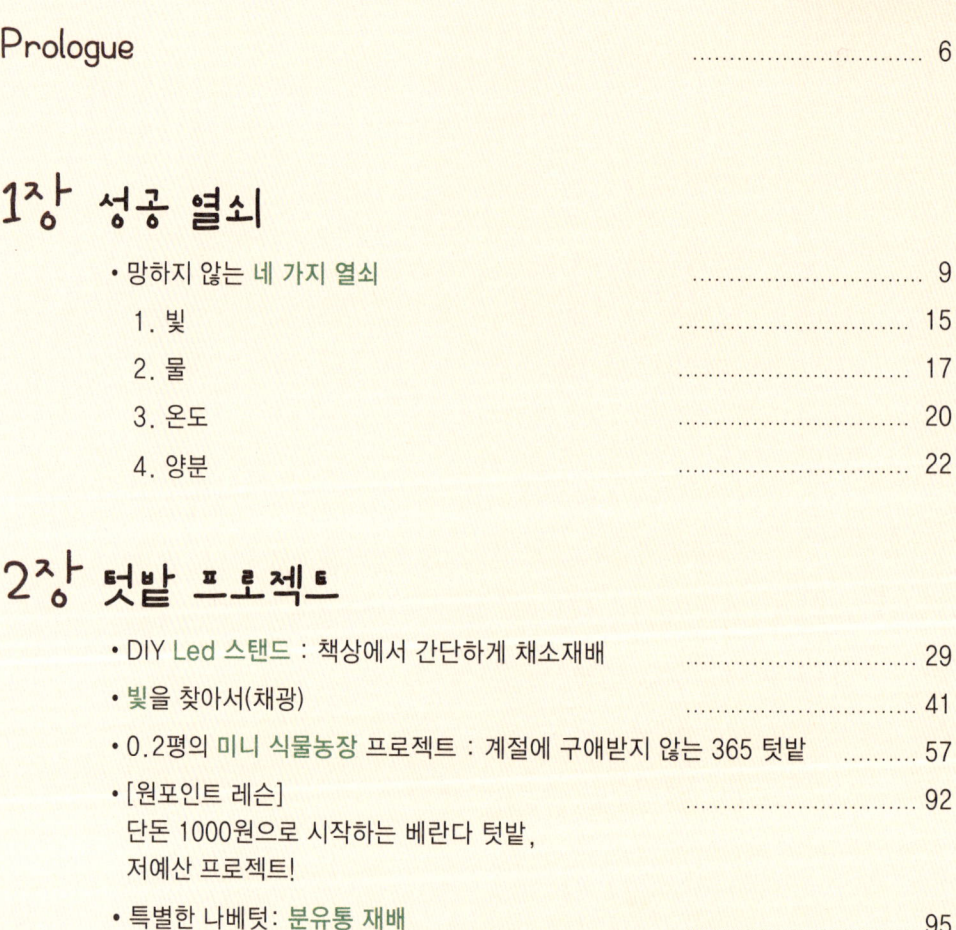

Prologue 6

1장 성공 열쇠
- 망하지 않는 네 가지 열쇠 9
  1. 빛 15
  2. 물 17
  3. 온도 20
  4. 양분 22

2장 텃밭 프로젝트
- DIY Led 스탠드 : 책상에서 간단하게 채소재배 29
- 빛을 찾아서(채광) 41
- 0.2평의 미니 식물농장 프로젝트 : 계절에 구애받지 않는 365 텃밭 57
- [원포인트 레슨]
  단돈 1000원으로 시작하는 베란다 텃밭,
  저예산 프로젝트! 92
- 특별한 나베텃: 분유통 재배 95

나만의 베란다 텃밭 이야기

3장 작물 키우기

- 씨앗으로 베란다 고추농장 만들기 105
- 청치마 상추 키우기 123
- 시중의 화분을 활용하여 콩나물 시루 만들기 139
- 한 가지는 재미없다, 모듬 쌈채 150
- [원포인트 레슨] 158
  - 베란다텃밭! 과연 유기농인가?!
  - 새싹채소씨앗? 무엇이 다를까?
- 매력넘치는 희귀 채소 키우기 161
  아이스플랜트 / 래디쉬 / 바질 / 딸기 / 비타민채(다채)

4장 재배 노하우

- 베란다 텃밭 재배 상식들 180
- 베란다 텃밭 OX 퀴즈 186
- 나베텃 동호인들의 생각 188

Epilogue 194

Prologue

얼마 전 우리나라 아파트 거주 인구가 50%가 넘었다는 통계가 발표되었습니다. 이제 우리나라에서 가장 많이 거주하게 되는 주거 형태는 분명 아파트라 할 수 있습니다. 30대 이상 분들께 어린 시절 환경을 떠올려보라고 하면 아파트의 기억이 그리 많지는 않겠지요. 농지가 아닌 도심지역에서 어린 시절을 보낸 저 역시 일반 주택에서 거주하였고 집 앞마당에서 작은 텃밭을 일구는 부모님의 모습을 보며 자랐습니다.

자그마한 텃밭에서의 채소 재배는 어린 시절 내 부모님의 소소한 행복이자 가족의 먹을거리를 공급해주는 소일거리였던 점을 많은 분들께서 공감하실 수 있을 거라 생각합니다. 과거 2층집 이상의 집은 비교적 적은 편이였고, 대부분 단층 건물이었습니다. 넓든 좁았든 단층의 집에는 직사광을 받기에 충분한 작은 공간이 있었고, 채소재배를 할 수 있었기에 텃밭이라는 것이 멀지도 않고 생활의 한편으로써 친근한 소재였던 것은 분명합니다.

▲ 좁은 공간을 활용한 작은 상자텃밭

오늘날의 주거 형태는 대부분이 아파트입니다. 아파트뿐 아니라, 빌라, 연립, 원룸과 같은 다가구, 주상복합, 오피스텔 모두 2층 이상의 건물이 대부분이며 이런 주거형태의 거주자까지 합치게 된다면 우리 국민 다수가 공동주택의 틀에서 거주하는 것이 기본적인 주거형태가 되었습니다. 창문 너머 직사광의 햇빛을 받던 단독주택의 거주자는 예전에 비해 자연스럽게 채소를 재배하기보다는 관상용 화분을 접하는 세대가 늘었으며, 관엽식물은 햇빛이 크게 필요 없고 관리가 용이하여 이제 '화분' 이라 하면 관상용 나무, 난, 다육식물과 같은 것을 먼저 떠올리게 됩니다.

왜 공동주택에서 관상식물 재배가 늘고 채소재배가 사라지게 되었을까요. 옆에서 두고두고 봐야 하는 관상용 화분은 생장이라는 개념보다 식물의 푸르름을 유지하고 식물이 건강해 보여야 하는 것이 중요합니다. 많은 빛이 들지 않는 공동주택이라 할 지라도 손쉽게 접근할 수 있는 식물 재배의 형태가 관상용 식물의 재배입니다. 만일 누군가가 집에 고무 나무를 키운다면 고무 나무가 한도 끝도 없이 커져서 천장에 닿게 되면 오히려 관리가 힘들어지겠죠. 차라리 자라지 않더라도 건강한 잎과 줄기를 유지하며 늘 내 옆에 있어주면 그것이 고마운 일일 수 있습니다.

하지만 채소재배는 관상식물과 재배 개념이 다릅니다. 채소는 무럭무럭 커줘야 수확을 하고, 수확을 해야만 채소재배의 가치를 느낄 수 있기 때문입니다. 하지만 무턱대고 아파트에서 채소를 키워보면 어린 기억의 집 앞 텃밭에서 채소가 쑥쑥 자라던 느낌과는 확연히 다르다는 것을 알 수 있습니다. 잘 안 자라기도 하고 자라다 줄기가 약하여 부러지기도 하고, 어딘가 병이 생겨 시들어 죽기도 합니다. 처음부터 완벽하게 수확하는 베란다 텃밭 경험자는 그리 많지 않습니다.

네이버에서 '나만의 베란다 텃밭 이야기'라는 베란다 텃밭 카페를 개설하던 시기는 공동주택이라도 채소 재배를 할 수 있다는 확신이 들던 때였습니다. 성공과 실패를 반복하며 베란다 텃밭 경험담을 적어나가게 되었지요. 비록 농학 전공자는 아니지만 공학 전공자의 장점을 살려, 베란다 텃밭의 어려운 점을 쉽게 접근하며, 어떻게 하면 아파트에서도 채소를 재배할 수 있을까하는 문제에 대한 해답을 하나씩 찾아보며 책을 엮게 되었습니다.

네이버 카페 나만의 베란다 텃밭 이야기(http://cafe.naver.com/mygarden77)에는 채소 키우는 사람들의 진솔한 이야기가 있고, 채소 재배의 수많은 경험담과 다양한 이론들이 있어 처음 베란다 텃밭을 입문하는 사람들에는 더없이 좋은 쉼터가 될 것입니다. 저 역시 카페 회원 일원으로 여느 사람들과 마찬가지의 평범한 사람입니다. 쉽게 따라할 수 없는 파워블로거들의 화려한 원예 가이드가 아닌, 평범한 사람들의 소박한 채소 재배 이야기를 이곳에 담아보려 합니다.

작은 씨앗과 같았던 초반의 네이버 카페가 이제는 제법 많은 열매가 열린 것처럼 수많은 회원과 다양한 활동이 넘치는 최대 실내 텃밭 카페로 성장할 수 있도록 도와주신 우리 운영진 단델리온님, 뮤직홀릭님, 짱군맘님께 감사 인사를 드리며, 카페 명인 교실의 강사로 활동하시는 회원님, 동화나라님, 퀘럼님, 길들이기님, 그리고 지금 이 시간도 나베텃 카페에서 정다운 이야기를 나누고 계실 우리 카페 회원님들께 또한 큰 감사 인사를 드립니다.

1장 성공 열쇠

- 망하지 않는 네 가지 열쇠
  1. 빛
  2. 물
  3. 온도
  4. 양분

 ## 망하지 않는 네 가지 열쇠

▲ 돌도리민트네 베란다 텃밭, 딸기 가꾸기

나베텃 카페 대부분의 회원들은 다른 회원들이 정성스레 일구어낸 베란다 텃밭을 보고 감명받아 '나도 한번 도전해 보자.'하는 마음으로 베란다에서 처음으로 텃밭을 시작했다고 합니다. 회원마다 베란다 텃밭을 시작하는 접근 방법은 모두 다릅니다. 정석이 무엇인가 열심히 정보를 찾는 회원도 있고, 예쁘게 베란다 텃밭을 갖춘 선배 회원들의 사진을 보며 스스로 밑그림을 그리고 시작하는 회원도 있습니다. 큰 경험과 이론은 없지만 무작정 시작하여 운이 좋게 대풍을 이룬 회원, 그렇지 못한 회원, 심지어 1년이 넘는 시간 동안 공부만 하고 마침내 첫 삽을 뜨며 감격해하는 회원도 있었습니다. 처음 도전하는 가드너를 위하여 획일화된 베란다 텃밭 가이드가 있다면 좋겠지만 그리 간단한 문제는 아니지요.

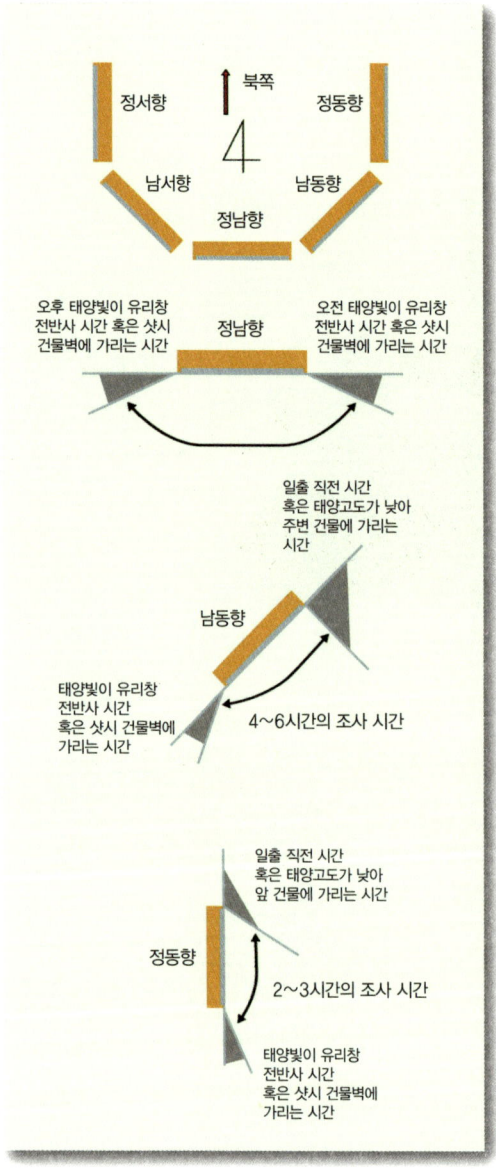

▲ 평균적인 집의 향(向)별 햇빛이 드는 시간

일단 집의 구조와 위치가 모두 다릅니다. 베란다 텃밭에 가장 유리한 정남향 집이 있고, 남동, 남서향의 집처럼 조금은 불리하지만 나쁘지 않은 향도 있습니다. 정동, 정서향 집에서 어려운 환경이지만 이를 극복하며 대풍을 이루는 회원도 있고요. 오피스텔, 주상복합에서는 일부 북향의 베란다를 보이기도 하는데 태양 직사광이 잘 미치지 않는 매우 열악한 환경에서 채소를 키우는 회원도 있습니다. 아파트 저층 세대의 경우는 앞 건물에 빛이 대부분 가려져 남향임에도 불리한 환경도 있기에 같은 아파트 단지의 같은 동이라 할지라도 그 환경이 다 같은 것은 아닙니다.

온도 또한 마찬가지입니다. 같은 겨울이라도 제주, 부산과 같이 실외 기온이 높은 지역이 있고, 파주와 같이 비교적 북쪽이라 베란다 기온이 낮게 형성되는 경우도 있습니다. 베란다 텃밭을 시작하는 환경은 이렇게 모두 다르므로 "몇 월에 씨앗을 뿌리고 몇 월에 정식을 하고 몇 월에 거두세요"라는 가이드가 있다 해도 자신에는 꼭 맞지 않을 수 있습니다. 따라서 내 환경을 스스로 체크하여 내게 맞는 나만의 가이드를 만들고 채소를 재배하는 것이 맞습니다. 이 책에서는 몇 월에 어떤 채소를 키우고 어느 계절에 어떤 채소를 키우는 게 좋다는 가이드는 하지 않을 것입니다.

나베텃에서 유사한 질문을 많이 받습니다. 지금은 어떤 것을 키우면 좋을까요? 그러면 간단히 답변합니다. 시기에 구애받지 말고 도전해보세요!

가가호호 베란다 텃밭이 모두 다른 환경일지언데, 획일화된 같은 베란다 텃밭 가이드를 제안한다는 것은 불가능합니다. 필요한 만큼의 양의 채소를 수확할 수 있다면 망하지 않은 텃밭이라 부를 수 있을 것입니다. 이 망하지 않는 베란다 텃밭의 자물쇠를 열기 위한 네 가지 열쇠, 바로 빛, 물, 온도, 그리고 양분을 소개합니다.

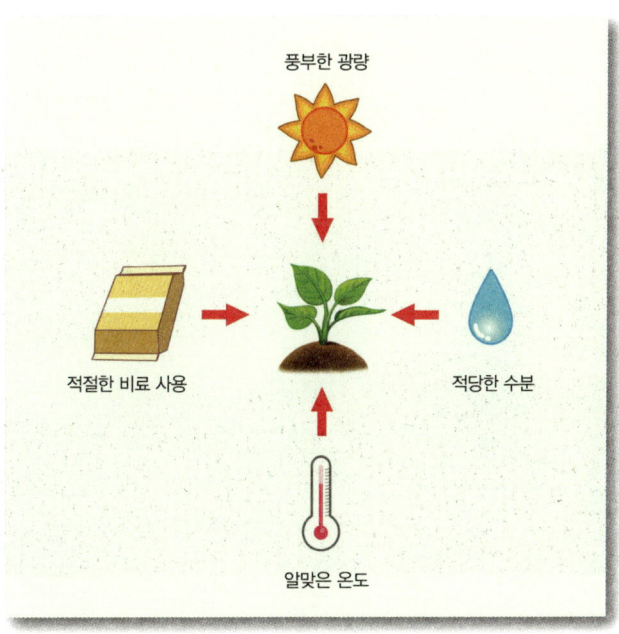

▲ 베란다 텃밭의 네 가지 열쇠

씨를 뿌려 큰 규칙적인 절차 없이 물을 주어도 쉽게 자라나던 노지 텃밭의 상추재배를 떠올리며 베란다에서도 그와 같은 방식으로 시도하였으나 오래잖아 방법이 잘못되었음을 깨닫게 되었죠. 싹은 틔웠지만 튼튼하게 자라지 못하고 수확은 근처도 갈 수 없었던 경험은 베란다 텃밭을 해본 사람이라면 한두 번씩 경험해 봤을 겁니다. 베란다 텃밭만의 방법을 사전에 알았다면 실패를 덜 수 있었을텐데, 노지 텃밭의 화려한 채소재배 경력을 믿었기에 실망은 더 클 수 밖에 없었습니다.

빛과 물, 온도와 양분은 베란다 텃밭의 다양한 환경 변수 중 가장 중요한 4가지 요소라 볼 수 있습니다. 노지 텃밭과 큰 틀의 재배 방법의 차이가 있는 것은 아니지만, **베란다 텃밭이기 때문에 조금은 특별한 관리 방법이 있습니다.** 이를 알고 도전한다면 분명 실패없는 베란다 텃밭이 될 것입니다!

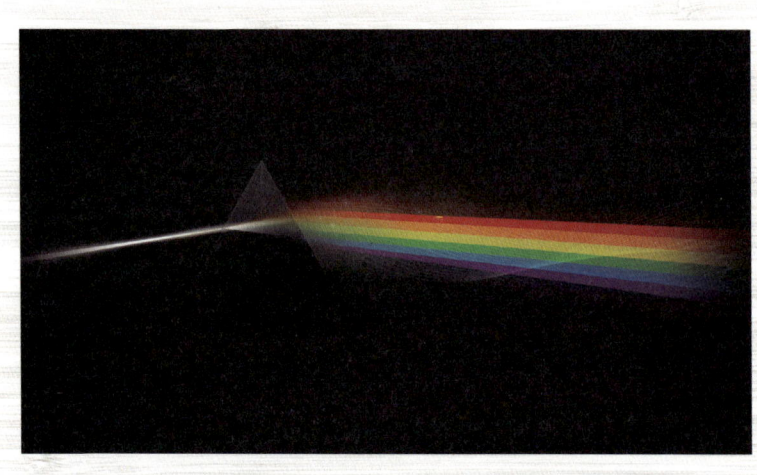

▲ 태양빛의 가시광선은 다양한 파장의 조합으로 이루어진다.

1. 빛

물이 공기 중의 이산화탄소를 만나 식물이 자란다는 이야기는 대부분의 사람이 아는 이야기입니다. 이를 광합성이라는 말로 짧게 표현할 수 있는데, 여기에 빛이 꼭 필요한 요소가 됩니다.

$$6CO_2 + 12H_2O + 빛e \rightarrow C_6H_{12}O_6 + 6H_2O + 6O_2$$

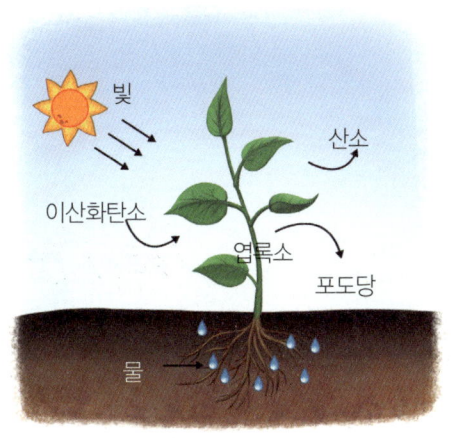

총과 총알이 있어도 방아쇠의 기능이 없으면 총알이 발사되지 않듯, 물과 이산화탄소와 식물의 엽록체 등 광합성이 발생할 수 있는 모든 재료가 있다 하여도 빛 에너지가 빠진다면 광합성은 이루어지지 않습니다. 이산화탄소와 물로 포도당과 산소, 그리고 다시 물을 만들어내는 이 과정은 광합성의 명반응(빛이 있어야 작용하는)과 암반응(빛이 없어야 작용하는)으로 나뉘는데, 명반응은 빛이 어느 세기 이상이 되어야 광합성이 시작됩니다. 명반응은 베란다 텃밭에서는 생각보다 쉽지 않은 조건입니다. 노지 텃밭, 옥상 텃밭에서 하루 종일 받을 수 있는 태양광이 100% 일 때, 베란다의 내부 환경이라면 아주 좋은 조건이라 하더라도 30%, 혹은 20%나 그 이하 수준 밖에 안되며 이런 이유는 채소가 자라지 않는 가장 결정적인 요인으로 꼽을 수 있습니다.

베란다 텃밭이 어렵다는 이유의 절반은 빛이 부족하여 채소 생장이 잘 되지 않기 때문입니다. 이는 다양한 방법으로 극복할 수 있습니다. 예를 들어, 주어진 베란다에서 채광의 극대화를 위한 환경 구축이 있을 수 있으며, 베란다에서 아무리 노력을 하여도 빛이 부족하여 수확할 수 없는 채소는 제외시키는 방법, 직사광의 태양빛이 아예 없는 북향의 베란다나, 햇빛 한 줄기 들지 않는 온전한 실내 환경에서 LED와 같은 인공조명을 이용한 채소 재배 방법 등이 있습니다.

▲ 실내 식물재배에 큰 도움을 받을 수 있는 LED전구

가까이 두면서 아름다운 잎과 꽃, 혹은 줄기를 감상하는 관상용 식물은 생장보다 식물의 건강에 초점을 두고 키우는 게 맞지만, 채소는 수확을 하려면 무럭무럭 자라주어야 합니다. 그러니 관상식물에 비해 채소재배는 빛이 훨씬 더 중요한 요소라 할 수 있습니다. 책에서 빛 이야기는 많이 나오게 될 것입니다. **베란다 텃밭이 망하지 않는 지름길 첫 번째 열쇠는 바로 빛입니다.**

2. 물

생명체는 물 없이 살 수 없습니다. 채소의 성분에서도 수분이 대부분을 차지하는 만큼 채소에 적당한 물을 주는 것은 베란다 텃밭에서도 중요한 항목입니다. 물주기는 노지 텃밭과 베란다 텃밭에서도 차이가 납니다.

노지 텃밭의 예를 들어보겠습니다. 밭이 한번 만들어지고 날씨가 심하게 가물지 않는 한 추가적으로 물을 주는 일은 많지 않습니다. 자연이 주는 빗물은 땅을 촉촉히 적셔주고 채소는

물과 양분을 흡수하며 생장합니다. 뿌리 주변의 물이 어느 정도 흡수가 되어 부족해지면 왕성한 뿌리 뻗음을 시작하게 되며 넓고 깊게 뻗은 뿌리는 보다 넓은 영역의 물과 양분을 흡수하여 작물이 자랄 수 있게 합니다. 작물마다 다르지만 단순히 우리가 키울 수 있는 텃밭 작물들의 경우 날이 크게 가물지 않는 이상 추가적으로 물을 줄 필요가 없습니다. 자연이 제공해주는 빛과 물 만으로 충분히 재배가 가능하지요. 반면 베란다 텃밭에서 물은 자연이 제공하는게 아니라 가드너에 의해 100% 통제되는 것입니다. 베란다 텃밭을 풍성히 가꾸는 동호인과 초보 동호인은 물주기의 차이로 인해 작물의 생육에서 차이를 보이는 경우가 흔한데, 이는 정확한 물주기 방법을 알지 못하여 발생하는 차이입니다.

채소가 자라기 위해선 물이 꼭 필요하지만 가끔 베란다 텃밭에서 물은 최대의 적(敵)이기도 합니다. 가령 동일하게 주먹만 한 크기의 상추 한 포기가 있는데, 한쪽은 노지상추, 한쪽은 베란다 텃밭 상추라 가정해봅니다. 매일 동일하게 1리터의 물을 상추에 준다면 일주일 뒤 어떤 변화가 있을까요? 노지 텃밭의 상추는 건강하게 쑥쑥 자라나 싱그러운 쌈채소 잎을 선물해줄 것입니다. 반면 베란다 텃밭 상추는 시들어 잎이 축 처지는 모습은 물론이고 어쩌면 병이 들어 썩는 현상이 나타날 것입니다. 과습 상황에 걸리는 경우인데, 베란다 텃밭이라는 특수한 조건 때문에 이런 일이 발생하게 됩니다.

뿌리에 물을 주었다면 그 물이 뿌리를 한번 거치고 다시 뿌리에서 물이 잘 빠져야 좋은 생육조건이 형성됩니다. 뿌리의 물 흡수와 뿌리의 호흡 모두 중요한데, 만약 배수가 불량하여 뿌리가 물에 계속 잠기는 상황은 좋은 상황이라고 볼 수 없습니다. 노지 텃밭은 베란다 텃밭처럼 화분에 담긴 것이 아니라 상대적으로 물 빠짐에 큰 걱정이 없으므로 물을 충분히 준다 해도 크게 문제되지 않습니다. 베란다 텃밭은 집마다 조건이 다르지만 대부분 화분 재배가 기본입니다. 화분은 뿌리가 뻗을 수 있는 공간이 좁을 뿐만 아니라 배수 조건도 불리하여 원하지 않은 문제를 야기하기도 합니다.

베란다 텃밭 화분에 물을 한가득 주고 며칠이 지나 흙을 살짝 파보면 물이 그대로 있는 경우가 많은데, 이를 과습이라 합니다. 만약 노지 텃밭의 경험을 살려 베란다 텃밭에서도 매일 상추에 물을 부어주었다면 상추 뿌리는 물 속에 계속 잠기는 상황이 이어지고, 결국 병해가 발생하는 원인이 됩니다. 베란다 텃밭에서 물 때문에 생기는 채소의 발병은 꽤 흔한 편으로, 물을 적게 주어서 생기는 것보다 많이 주어서 생기는 경우가 대부분입니다. **망하지 않는 베란다 텃밭의 두 번째 열쇠는 물 관리로, 특히 과습에 유의하여 재배하는 것이 중요합니다.**

3. 온도

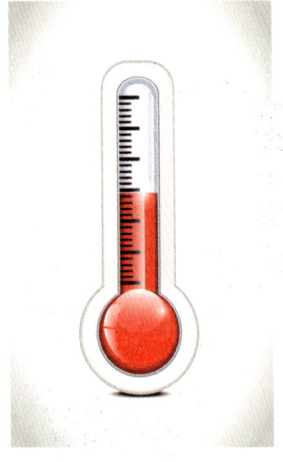

▲ 온도계는 베란다 텃밭의 필수 용품

베란다 텃밭이 노지 텃밭보다 유일한 장점이 있다면 바로 온도입니다. 집마다 차이는 있지만, 베란다의 온도는 노지보다 상시 높게 유지되며, 온도가 높기 때문에 사계절 텃밭 가꾸기가 가능하게 됩니다.

노지의 텃밭이 봄이 되어 작물을 키우기 시작하고 가을이 되면 농사를 정리하지만, 베란다는 가을과 겨울에도 채소재배는 계속될 수 있습니다.

연중 온도를 비교해보면 노지 텃밭보다 베란다의 온도는 **약 10도 정도 높게 형성**되는데 겨울에도 영하로 떨어지지 않기 때문에 추위에 강한 작물은 겨울에도 얼마든 재배합니다. 상추나 배추 등이 한겨울에도 베란다 텃밭에서 키우기 좋은 작물이지요.

하지만 베란다 텃밭의 온도가 꼭 유리한 측면만 있는 것은 아닙니다. 항상 노지보다 온도가 높은데, 그런 까닭에 여름에는 베란다 텃밭이 되레 불리해지기도 합니다. 실외 온도가 30도 내외에 육박하는 환경에서 베란다의 온도는 40도를 오르내리기도 하여 열악한 재배 조건이 형성되기도 합니다. 이런 고온의 환경이라면 상추와 같은 호냉성 작물은 고온에 의해 녹아내리기도 합니다. 채소에 따라 여름만큼은 재배가 어려울 수가 있고 대신 이 공간을 고추와 토마토 같은 여름 작물로 채운다면 풍성한 과채류 베란다 텃밭을 일굴 수 있습니다.

▲ 춘하추동을 극복하는 베란다 텃밭

빛과 물은 잘만 관리해주면 극복이 가능한 요소지만, 온도는 계절에 순응해야 하는 경향이 강합니다. 그 계절의 평균 온도에 10도를 더해주면 내 베란다 텃밭의 온도가 될 것인데, 그 시기에 알맞은 작물의 선정이 바로 망하지 않는 **베란다 텃밭의 세 번째 열쇠인 온도**와 직결됩니다.

4. 양분

▲ 햇빛과 물 만으로 채소가 자랄 수 있다?!

망하지 않는 베란다 텃밭의 마지막 열쇠는 양분의 제공과 관리입니다.

작물이 자라는데 기본적인 빛과 물, 온도가 충족이 되더라도 마지막 열쇠인 양분이 없다면 채소는 자랄 수 없습니다. 양분은 유기양분과 무기양분으로 구분하여 말하기도 하지만, 이는 필수 원소로 정리하여 설명을 할 수 있습니다. 다량 필수원소인 C, H, O, N, S, P, K, Ca, Mg과 미량의 필수원소 Fe, Mn, Zn, Mo, Cu, B, Cl의 16가지 원소는 생육에 빠져선 안 됩니다. 이 중 생육에서는 다량이 요구되지만 토양에서 부족하기 쉬운 요소인 N(질소), P(인), K(칼륨)을 비료의 3요소라 하며 인위적인 공급이 필요합니다.

물 만으로는 자랄 수 없고 추가적인 거름이 필요한 것은 토경 재배와 수경 재배 모두 마찬가지입니다. 시중의 유기비료와 복합비료 모두 N, P, K를 기본으로 충족하고 나머지 미량 원소를 채소에 공급하도록 성분이 구성된 점은 비슷합니다. 나베텃 회원의 토경 재배에서는 토룡토를 많이 사용하는 편입니다. 지렁이가 자란 환경의 토양에서 배설물이 부숙되어 채소 재배에 활용되는 거름이 되지요. 노지 텃밭에서 많이 사용되는 돈분, 우분, 계분의 거름에 비해 냄새가 적기 때문에 비교적 청결함이 요구되는 베란다 텃밭에서 선호하는 비료의 형태입니다.

▲ 베란다 텃밭에서 많이 사용되는 토룡토의 한 제품

수경재배라면 복합 비료가 주로 사용됩니다. 수경재배 전문 농가에서는 N, P, K, Ca 등 각기 다른 요소를 보유하고 상황에 맞게 비율과 농도를 맞추며 재배하는 전문적인 방식을 사용하지만, 베란다 텃밭 동호인은 복합 비료를 통하여 수경재배를 쉽게 할 수 있습니다. 복합으로 필수 원소가 함유된 단일 제품을 사용하여 재배해도 크게 문제가 없기 때문에 취미 활동으로도 좋은 편입니다. 시중의 비료를 구입하지 않고, 천연물질을 얼마간 가공하여 수경재배 비료를 직접 제조하여 사용할 수도 있는데, 이는 많은 전문적 지식과 경험이 필요하기 때문에 다소 어려울 수 있습니다.

수경재배 비료로 많이 사용되는 제품으로 미국 하이포넥스 계열의 제품이 있으며, 국내 제품으로는 대유사 제품, 코씰사 제품이 있고, 이 밖에도 다양한 제품이 판매 중입니다. 이 책에서는 하이포넥스 계열의 복합비료를 활용한 수경재배를 제시하였습니다. 채소가 성장하는 밑거름, **비료의 적절한 선택과 활용이 망하지 않는 베란다 텃밭의 마지막 열쇠입니다.**

▲ 수경재배로 길러낸 상추

신나는 베란다 텃밭의 시작!

▲ 돌도리민트네 베란다 텃밭 당근재배

▲ 돌도리민트네 베란다 텃밭 배추꽃 개화

빛과 물, 온도와 비료에 관한 간단한 상식을 확인하고, 준비를 마쳤다면 이제 베란다 텃밭을 위한 긴 여행을 떠날 시간입니다. 여느 취미에 비해 건전하고 재미있으면서, 교육적이고 우리 가족에게 농약을 사용하지 않은 신선한 채소를 제공하기까지 할 수 있는 최고의 취미 중 하나가 바로 베란다 텃밭이 아닐까 생각합니다.

그간의 베란다 텃밭을 일구며 경험한 실패와 성공 경험담을 이 책에 담았고, 많은 독자에게 행복을 안내할 수 있는 이정표가 되었으면 하는 바람입니다.

2장 텃밭 프로젝트

- DIY Led 스탠드 :
책상에서 간단하게 채소 재배하기
- 빛을 찾아서(채광)
- 미니 식물농장 프로젝트:
계절에 구애받지 않는 365 텃밭
- [원포인트 레슨]
단돈 1000원으로 시작하는 베란다 텃밭,
저예산 프로젝트!
- 특별한 나베텃: 분유통 재배

우리 집 한 켠의 좁은 공간을 환하게 밝히는 푸르름!

LED와 함께 빛 한 점 들지 않는 실내에서도 채소는 무럭무럭 자랍니다.
향이 좋은 원목을 이용하여 나무 향이 물씬 풍기는 스탠드를 제작하고, 채소를 재배하는 방법을 소개합니다.

DIY LED 스탠드
— 책상에서 간단하게 키우는 채소재배 —

빛이 부족한 실내 환경에서 LED는 식물을 재배하기 위하여 좋은 광원 중 하나입니다. 형광등이나 백열전구에 비해 에너지 효율이 좋으며, 빛의 집광이 비교적 쉽기 때문이지요. 광원으로써 효율이 좋다는 의미는 더 강한 빛을 내면서도 적은 열을 발생시키는 것을 말하는데 이는 채소를 재배함에 있어 더없이 중요한 요소가 됩니다.

동일한 전기 요금을 내면서도 빛을 더 많이 내기에 식물이 광합성에 필요한 빛을 더 많이 받을 수 있다는 장점이 있고 적은 열을 내기에 광원에 의한 고온의 피해가 적다는 또 다른 장점이 있습니다. 이런 형태의 스탠드는 구조가 단순하기 때문에 책상에 올려놓고 관상용으로 상추를 키울 수도 있습니다. 내가 만들었기 때문에 세상에 하나뿐인 나만의 아이템이지요.

뚝딱뚝딱 내가 만드는 나만의 식물 LED 스탠드 준비물을 살펴봅니다.

1. 나무

원하는 모양의 스탠드를 만들고자 한다면 LED를 거치하고도 가공이 용이하여 다양한 형상으로 제작할 수 있는 나무 재질이 적합합니다. 집에서 직접 재단하여 스탠드를 만들 수도 있지만, 간단한 가공은 인터넷 목재 쇼핑몰에서도 해주므로 쉽고 부담이 없습니다.

나무 주문 제작이 용이한 곳, 인터넷 쇼핑몰 아이베란다
http://www.iveranda.com

가정에서는 전기톱을 사용하기가 어렵고 목재 가공이 까다로운 편이므로 재단을 요청하여 재단대로 배송된 나무를 사용한다면 더욱 편리합니다.

2. Led

3구 LED는 다양한 현상에 대응이 가능한 전천후 LED입니다

가장 중요한 부품으로 실내텃밭에서 식물의 광합성에 가장 결정적인 역할을 합니다.
시중의 제품은 대부분 상향 평준화된 품질이기 때문에 간단한 채소를 키우는 용도에서는 큰 성능 차이를 보이지 않습니다. 백색 계열의 LED를 사용하면 비교적 저렴하게 스탠드를 구성할 수 있지만, 보다 전문적인 식물재배가 필요하다면 식물 생장 전용 LED를 사용할 수도 있습니다.
LED 제품으로는 가장 일반적인 전구형부터, 바(bar) 형, 3구 모듈형 등 다양한 제품이 나와 있습니다. 자신이 구상한 형태에 따라 어떤 제품을 사용해도 큰 무리가 없습니다.

3. 전원 어댑터

어댑터는 전기에너지를 공급해주는 부품입니다

LED가 SMPS 내장형 제품이 아니라면 별도의 어댑터가 필요합니다. SMPS는 220V 전원을 직접 장착하여 사용할 수 있도록 설계된 회로인데, LED는 AC 220V에서 구동되는 제품과 DC 12V 제품군이 있기 때문에 정확히 사용 전원을 확인하여야 합니다.

3구 LED 모듈과 같은 제품들은 12V DC 전원이나 24V DC 전원을 필요로 합니다. 220V 교류전원을 12V 직류전원으로 바꿔 주어야 하는데, 이때 필요한 것이 어댑터입니다. 어댑터는 전기제품이므로 꼭 안전 인증을 받은 제품을 사용해야 화재 예방을 할 수 있습니다.

*어댑터 구매 방법

어댑터는 정격입력, 정격출력을 확인하여 구입하면 됩니다. 정격출력은 다시 출력전압과 출력전류로 나뉩니다. 인터넷쇼핑몰에서 다양한 제품을 구입할 수 있지요.

우리나라에서 생산되는 어댑터는 대부분 정격입력을 220V, 60Hz 전원에 맞게 설계되어 별도의 확인 없이도 바로 사용할 수 있습니다. 출력전압과 출력전류를 확인하여 구입하면 되는데, 3구 LED 모듈 제품은 DC 12V의 전원이 필요로 하고 보통 0.06A의 전류가 흐릅니다. 이때 어댑터는 12V 출력전압 제품을 선택하면 되고, 0.06A의 모듈 개수만큼(예를 들어 30개를 사용한다면 0.06 X 30 = 1.8A) 계산하여 이보다 큰 어댑터를 선택하면 됩니다.

정격허용 전류보다 많은 전류가 흐른다면 어댑터가 과열되어 화재의 위험이 있으므로 소비전력이 넘지 않도록 주의해야 합니다.

어댑터 사양 확인하기

채소재배 스탠드 만들기 DIY의 시작

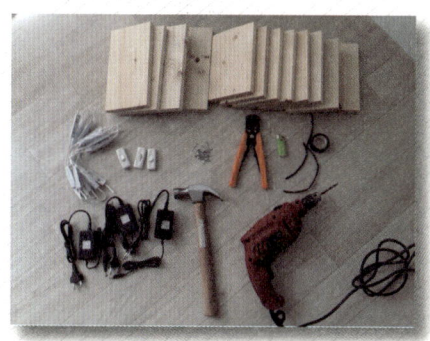

▶ 기본 재료

기본 재료인 나무, LED, 어댑터가 준비되었다면
본격적으로 제작을 시작합니다.
주 재료 외에 스위치, 나무못, 케이블 수축튜브,
드릴, 망치 등이 필요합니다.

▶ 사전에 재단이 되어 주문 배송된 목재

나무는 재단하여 배송된 것을 사용하면 편리합니다.
합판이 아닌 원목 재질의 나무는 향도 좋고 목재 내부
의 접착제 성분도 없기 때문에 사용을 권장합니다.

▶ 재단하기

홀 드릴 작업 ◀

▶ 어떤 형태의 스탠드를 만들 것인가를 정했다면 나무를 조립하기 전에 LED 전선이 통과하는 자리를 미리 확보해줍니다. 구멍을 만들 때는 전동드릴을 사용하면 손쉽게 작업이 가능합니다.

비교적 단순하게 "ㄷ"자 형태의 LED 스탠드를 만들기로 합니다.

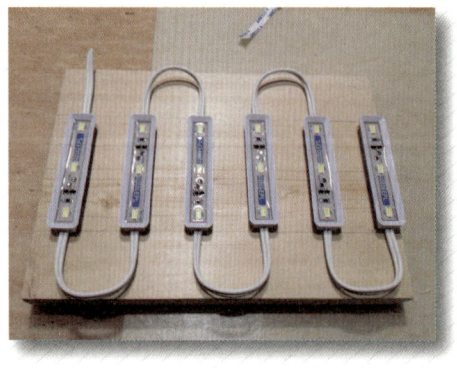

▶ LED 부착 작업

채소가 생장하기 위한 광원으로 사용될 3구 LED를 나무에 배치합니다. 동일한 면적에 배치를 촘촘히 할수록 빛이 강하기 때문에 식물의 생장에 유리합니다.

다만, 너무 많이 배치되면 발생하는 열이 많아서 주의가 필요합니다.

▶어댑터 결선 작업

이제 LED 모듈과 연결해줄 어댑터 결선 작업을 시작합니다.
어댑터는 화재 방지를 위해 정격용량을 준수하는 것은 잊지 말아야 합니다.
어댑터의 플러그 부분은 불필요하기 때문에 과감히 자릅니다.

▶어댑터 전원 케이블 피복 벗기기

어댑터의 전원은 +와 -로 구성됩니다. 최근 시중의 3구 LED 모듈은 극성과 상관없이 결선할 수 있도록 설계되어 있습니다. +와 -의 구분 없이 만들어도 문제없습니다. 결선을 위한 피복 제거 작업을 합니다. 칼을 사용할 때, 손이 다치지 않도록 주의해 주세요.

▶ **전원 스위치**

스탠드의 스위치는 선택입니다. 스위치가 없다면 220V 전원코드를 장착-탈착하여 스탠드 전원을 점멸해야 하므로 조금 불편할 수 있습니다.
스위치를 설치하면 쉽게 전원을 켜고 끌 수가 있지요.

▶ 스위치를 결선하여 줍니다. 스위치는 반드시 12V 전원단을 끊고 작업하는 것이 좋습니다.

220V 전원단 쪽의 스위치 결선 작업은 위험하기 때문에 권장하지 않습니다.

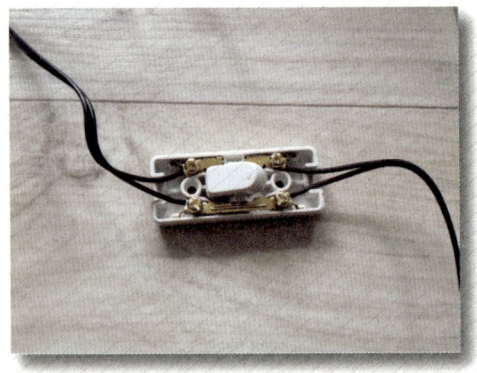

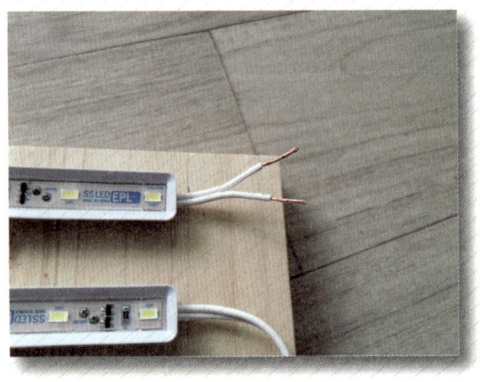

▶ 어댑터 전원과의 연결을 위해 LED측의 피복을 벗겨줍니다.

이제 LED 모듈 쪽의 피복을 벗기고 전선을 연결하여 결선합니다.

못과 망치를 이용하여 스탠드 제작을 마무리합니다.

상추 한포기를 키울 수 있는 자작 LED스탠드를 완성하였습니다!

자작 LED 스탠드는 개성있는 실내 채소재배는 물론, 밋밋한 실내 공간을 활용하여 인테리어 효과를 내는데에도 탁월합니다.

2장_ 텃밭 프로젝트 39

베란다 텃밭은 단연 빛과의 싸움!

실내라는 공간의 열세를 극복하고 보다 많은 빛을 얻을 수 있다면 우리 집 채소 재배의 꿈은 어느새 현실이 됩니다. 튼튼한 모종 생산은 물론 풍부한 열매 맺음에는 빛의 역할이 절대적입니다. 실내텃밭에서 빛의 부족을 극복하는 방법을 소개합니다.

빛을 찾아서 (채광)

▲ 베란다 내부로 강하게 비추는 태양빛을 얻는 것은 쉽지만은 않습니다.

나베텃 회원들에게 **베란다 텃밭을 하면서 가장 어려운 점을 꼽으라 하면 빛의 부족**을 첫 손가락으로 꼽습니다. 노지 텃밭의 경우는 개방된 공간에서 햇빛을 제한없이 받을 수 있는데 비해, 실내에서 채소를 키운다는 것은 빛이 온전하지 못함을 의미하고 이는 채소 생장에 필수적인 광합성 반응의 부족 현상이 따를 수 밖에 없습니다.

처음부터 LED를 활용하여 베란다에서 채소를 키운다면 더없이 좋겠지만, 큰 비용을 들이지 않고 주어진 환경을 최대한 활용하여도 빛의 부족을 극복할 수 있습니다. 많은 빛을 필요로 하는 여름 작물을 제외한다면 베란다에서 쌈채소 위주의 재배는 큰 무리가 없는 편입니다.

주어진 베란다 환경에서 보다 많은 빛을 흡수할 수 있는 두 가지 아이디어를 소개합니다. 첫 번째는 베란다 샤시 턱에 의한 그늘짐을 극복하기, 그리고 두 번째는 베란다 바깥 공간의 활용입니다. 하루 단 얼마라도 빛을 더 받을 수 있다면 그만큼 생장이 유리해집니다. 조금 더 채광에 유리한 여건을 만들어 주어야 채소가 더욱 잘 자랄 수 있기 때문에 베란다 텃밭은 **빛과의 싸움**이라 해도 과언이 아닙니다.

▲ 테라스 유리창은 바람을 막아주고 보온에 꼭 필요하지만, 베란다텃밭에서는 빛을 얼마간 차광하는 요소가 된다

▲ 방충망 또한 햇빛 차단 효과가 크다

베란다에서 태양광의 채광을 방해하는 요인은 네 가지가 있습니다. 베란다 천장과 측벽, 유리창, 그리고 방충망입니다.

천장과 측벽의 건물 구조는 정남향 집을 기준으로 동쪽과 서쪽의 태양빛이 차단되고 일중 고도가 높은 계절이라면 정오 무렵 베란다 깊숙이 햇빛이 들어오는 데 방해가 되는 요소가 됩니다. 하지만 천장과 측벽 모두 건물의 고유한 구조로 변형이 쉽지 않아 이를 극복하는 것은 어려울 수밖에 없습니다.

태양으로부터 오는 빛을 차단하여 그늘을 만드는 천장과 측벽과는 다르게, 유리창과 방충망은 직사광을 얼마간 차단하는 역할을 합니다. 이것이 베란다 텃밭 가드너가 제어할 수 있는 부분인데, 일반적인 유리창과 방충망이 얼마큼 빛을 차단할 수 있는지 확인해보겠습니다.

▲ 창문, 방충망 모두 개방, 59,600 LUX

▲ 창문만 개방, 33,400 LUX

▲ 방충망만 개방, 37,000 LUX

▲ 창문, 방충망을 모두 닫음, 21,700 LUX

방충망	창문	조도(lux)	빛 감소율
O	O	59,600	-
O	X	33,400	-43.90%
X	O	37,000	-37.90%
X	X	21,700	-63.50%

일반 아파트에서 빛을 측정하였습니다. 집집마다 유리창의 차광률이 다르고 방충망의 촘촘한 정도도 다르기 때문에 모두 같다고 볼 수는 없지만, 방충망과 유리창문의 햇빛 차단 효과는 충분히 확인할 수 있습니다.

2월의 햇빛이 좋은 날 정오 무렵, 방충망과 창문에 의해 태양광이 차단되지 않는 환경에서 59,600lux가 측정되었습니다. 상추의 광포화점 약 25,000 lux를 훨씬 초과하는 빛의 세기가 겨울철 맑은 날의 태양광에서도 충분히 나오기에 온도가 유지될 수 있다면 겨울의 베란다 텃밭에서도 상추를 재배하기에는 문제가 없습니다.

방충망, 창문을 각각 폐쇄하면 빛은 상당히 차단되는 것을 알 수 있습니다. 방충망에 의한 빛 차단율은 40% 내외이며 창문에 의한 빛 차단 역시 유사한 수준입니다. 만약 방충망과 창문을 모두 닫았다면 60% 이상의 빛이 차단됩니다.
태양의 방향과 고도에 따라 빛 차단율은 훨씬 높을 수 있습니다. 창문을 열 때와 방충망을 개방할 때 많은 빛을 받아들일 수 있고, 보다 건강한 채소를 키울 수 있는 것은 분명한 사실입니다.

우리집 평균 햇빛은 얼마나 많이 들어올까?

평균조도 (단위 : lux)					
계절	봄	여름	가을	겨울
외부조도	45,000	90,000	45,000	20,000
베란다 유리창 내부 조도	15,000	30,000	15,000	8,000
베란다 유리창+방충망 조도	5,000	10,000	5,000	2,000
실내조도	300~1,000			
흐린날	20,000	40,000	20,000	10,000

표는 우리나라 일중 평균 조도를 나타냅니다. 외부 조도는 계절에 따라 변하는데, 여름철 빛이 가장 강하며 겨울철 빛이 가장 약합니다.

베란다 내부 조도는 계절과 외부 조도에 따라 변하지만 유리창과 방충망을 통하여 빛이 많이 차단되는 것을 보여줍니다. 베란다에서 유리창과 방충망이 모두 설치된 상태라면 1만 lux 수준의 빛을 받기가 매우 어려우며, 채소의 왕성한 생장을 위한 광합성을 위한 빛의 세기에는 한참 미치지 못 합니다.

발아하여 새싹 단계에 있다면 **베란다에서 웃자람은 필연적으로 발생할 수 있으며**, 최소 발아 후 한 달 이내는 인공광을 활용하여 웃자람을 최소화하여 주는 것이 베란다 텃밭의 성공의 열쇠가 됩니다.

베란다텃밭 채소 광보상점, 광포화점

채소 광보상점, 광포화점 (단위 : lux)		
	광보상점	광포화점
상추	1,500	25,000
토마토	3,000	70,000
배추	2,000	11,000
완두	2,000	40,000
오이	2,000	55,000

자신의 채소가 빛이 부족한 베란다 텃밭에서 잘 자랄지 알고 싶다면, 채소별 광보상점-광포화점을 알면 도움이 됩니다. 채소마다 빛이 필요로 하는 정도가 다른데 이를 숫자로 표현한 개념이 **광보상점과 광포화점**입니다.

광합성에 의한 탄산가스의 방출량과 흡수량이 같아지는 빛의 세기를 광보상점이라 합니다. 상추의 광보상점은 1,500 lux인데 베란다가 아닌 일반 실내의 조도와 유사한 수준입니다. 특별한 인공광이 없는 실내에서 상추는 빠르게 자랄 수 없으며, 상추가 자랄 수 있도록 보다 빛이 많이 드는 베란다로 가져가야 풍부한 빛 속에서 상추가 생장할 수 있습니다.

광포화점은 빛이 강하게 증가해 더 이상 광합성 속도가 늘어나지 않는 빛의 포화점을 의미합니다. 여름 작물의 대명사인 수박과 토마토는 광포화점이 7만 lux에서 형성이 되는 매우 큰 빛이 필요한 작물입니다. 대부분의 여름 작물은 베란다 텃밭에서 생장 속도가 둔한 편으로 베란다 재배에서 어울리지 않으며, 광포화점이 낮은 작물, 이를테면 상추나 배추와 같은 작물이 베란다 텃밭에서 잘 자라지요.

▲ 베란다 채광과 샷시문턱으로 인한 그늘

아파트 베란다 샷시는 문턱이 꽤 높습니다. 문턱은 커다란 그늘을 만드는데 만약 화분을 문턱 바로 옆에 둔다면 빛의 부족으로 채소 생장에 큰 방해가 됩니다.
베란다에서 그늘을 최대한 피하기 위해서는 문턱 높이까지 화분을 높여 주어야 합니다.

▲ 베란다텃밭 받침 DIY

베란다 화분에 맞게 나무를 재단하여 화분 받침을 만들어주면 깔끔하게 공간을 활용할 수 있습니다.

▲ 높이를 보정하여 바로 채소에 직사광 채광

베란다에 햇빛이 드는 데에는 몇 시간이 되지 않습니다.
그 짧은 시간도 문턱의 그늘에 걸려 채광에 방해가 되지 않도록
화분의 위치를 조금 더 높인다면 그 만큼
알찬 채소재배가 되겠지요.

샷시의 문턱이 아주 높다면 폐가구를 활용하여 화분을 높이는 것도 좋은 아이디어입니다.

▲ 다른 형태의 화분 높이 보정

▲ 난간걸이를 활용하여 직사광 채광이 가능하도록 공간 활용

채광을 극대화 하고자 한다면 베란다 바깥 공간을 완전히 활용하는 방법이 있습니다. 단, 낙하물이 발생하지 않도록 조심해야 합니다.

공동주택의 저층 세대라면 난간화분을 활용해도 좋습니다. 유리창 바깥 영역은 노지 텃밭에 비해 손색이 없을 만큼 빛이 잘 들며 난간 화분걸이를 활용하면 완벽한 채소 재배가 가능합니다. 빛이 잘 드는 장점 이외에도 별도의 환기가 필요 없기에 곰팡이가 발생할 염려가 적고, 열매채소의 경우 인공 수분이 불필요하다는 장점이 있습니다.

바람에 의해 화분의 낙하가 발생하지 않도록 고정을 잘 시켜준다면 베란다 텃밭에서 가장 좋은 방법 중 하나지요. 그래서 베란다 화분 걸이는 나베텃 회원이 많이 사용하는 방법이기도 합니다.

그리고 제가 사용하는 또 다른 방법이 있습니다.

바로 에어컨 실외기 상단 공간을 활용하는 방법입니다. 단, 이 경우도 낙하사고가 발생할 여지가 있으므로 절대 무거운 물건은 올리지 않으며 떨어지는 물건이 없도록 매우 유의해야 합니다. 이 공간은 넓은 공간은 아니므로 육묘를 하거나 몇 포기 정도의 채소를 키울 수 있습니다.

가정용 에어컨 실외기의 사이즈는 제품마다 다르지만, 상추를 키운다고 하면 8~10포기 내외를 키울 수 있는 공간이 나오므로 한 가족이 소비할 수 있을 정도의 상추 재배를 할 수 있습니다.

▲ 에어컨 상단 채광 활용

▲ 실외기 화분용 거치대 DIY

▲ 실외기 위의 화분 육묘실

▲ 상추 육묘

▲ 옥수수 육묘

▲ 옥수수 육묘

▲ 옥수수 육묘

▲ 고추 육묘

노지 텃밭이 있다면 노지에서 키울 고추와 옥수수 모종은 집에서 육묘 후 정식에 사용할 수 있습니다. 모종 가격이 비싸기도 하고, 직접 씨앗을 이용해 발아를 시키고 튼튼한 육묘를 만들어 텃밭을 일군다는 것은 무척 의미가 있는 일이기도 합니다. 생명의 탄생부터 수확까지의 여정을 보면 마치 우리집 식구처럼 여겨지기 때문이지요.

실외 공간을 적절히 활용하면 채소 재배를 위한 또 한 곳의 귀한 공간의 창출임은 분명합니다. 실내보다 많은 채광을 할 수 있기 때문만으로도 건강한 채소재배에 보다 한걸음 다가서는 것입니다.

단 반 평의 공간에서 이룰 수 있는 기적!

날씨와 외기 온도에 구애 받지 않고 실내의 좁은 곳을 활용하여 채소를 재배할 수 있습니다. 내 가족을 위한 신선한 채소를 365일 수확하는 식물공장 프로젝트를 소개합니다.

 # 0.2평의 미니 식물공장 프로젝트
― 계절에 구애받지 않는 365 텃밭 ―

집에 베란다가 있어도 채소를 키우기 어렵다면, 어린이 책상 하나 정도의 공간만 있다면 풍족한 채소를 재배할 수 있습니다. 마치 공장에서 물건을 생산하듯, 채소를 생산하는 미니 식물공장을 만들 수 있지요. 채소 품종마다 생산량은 다르지만 가장 생산량이 풍부한 쌈채소를 재배한다면, 365일 동안 풍족히 생산하여 수확할 수 있습니다.
베란다 텃밭보다 훨씬 좁은 면적에서 생산해내는 **미니 식물공장 프로젝트**를 소개합니다.

햇빛 한 점 들지 않는 깊은 방이나 지하실처럼 사람이 잘 다니지 않는 공간일지라도 채소 재배는 가능합니다. 이 책에서 소개할 약 0.2평의 공간(정확히 폭 60cm × 너비 120cm 공간)은 노지 텃밭 혹은 베란다 텃밭에 비해서는 한없이 협소한 공간입니다. 만약 상추를 재배한다면 10포기 정도 가능한 공간인데, 스탠드 선반을 활용한 식물공장이라면 이보다 훨씬 많은 양의 쌈채소를 재배할 수 있을 것입니다. 층을 두어 층마다 재배하고, 얼마간의 밀식을 통해 많은 생산량을 얻을 수 있으며, 토경 재배에 비해 파종부터 수확까지 매우 빠른 생장속도를 보일 것입니다.

채소에 따라 씨앗을 뿌리고 나서 한달 후에 수확을 할 수 있습니다. 나아가 각 층별로 파종 주기를 규칙적으로 정한다면 365일 연중 끊임없는 채소 수확은 꿈이 아닌 현실이 될 것입니다.

0.2평의 식물공장 프로젝트를 함께 만들어봅시다.

 **선반**

먼저 준비해야 하는 것은 선반입니다.

선반은 채소를 층별로 가꿀 수 있게 하여 공간 활용성을 극대화할 수 있기 때문에 식물공장에서의 필수품입니다.

층별로 채소가 자라기 위해선 층마다 조명을 설치해주어야 하는데, 혹여나 채소의 누수 등으로 인한 감전의 문제가 생길 수 있으므로 바닥이 뚫리지 않은 선반을 사용하는 것이 좋습니다.

이 책에서 사용한 제품은 코스트코 고릴라렉 제품입니다. 폭 60cm, 너비 120cm, 높이 180cm, 5단 선반이며, 책에서는 3단만 사용하고 나머지 2단은 수납으로 활용하였습니다.

 ## T5 LED

선반만큼 식물 공장에서 핵심 부품입니다.

우리가 식물을 재배할 수 있는 LED 제품군에는 식물재배용 LED와 일반 조명용 LED가 있습니다.

본문의 식물공장에서는 쌈채소를 재배하였고, 쌈채소 재배에서는 LED제약이 덜한 편으로, 일반 조명용 LED를 사용하여 구성 해보겠습니다.

 ## 수경재배 화분

나베텃 회원들이 수경재배 화분으로 가장 많이 사용하는 화분입니다.

레드컵은 약 500cc의 용량으로 수경재배시 상추 한 포기를 키우기 좋으며 가격과 디자인, 보관 등의 실용성이 좋습니다. 수경재배는 양액을 모터펌프를 통하여 순환하는 방식이 가장 좋지만, 소규모로 집에서 키운다면 꼭 순환식일 필요는 없습니다.

별도의 설비가 불필요하고 가격이 저렴하여 쉽고 부담없는 담액식 수경재배의 방법을 소개하겠습니다.

 **수경재배 비료**

수경재배에서 물과 빛만으로는 채소가 자라지 않습니다. 식물재배에 필수적인 질소, 인, 칼륨 및 다양한 원소가 필요한데, 가장 간단하게 사용할 수 있는 제품 중 하나가 수경재배 비료입니다.

시중에 제품이 많으므로 어떤 것을 선택해도 좋습니다. 책에서는 하이포넥스 제품을 사용하도록 하겠습니다. 사용이 쉽고 가격이 저렴하며 어떤 채소와도 어울리기 때문에 하이포넥스 제품은 수경재배 비료로 많이 사용되고 있습니다.

 ## 선반 만들기

좁은 공간에 층별로 채소를 키우고자 한다면 선반이 꼭 필요합니다. 나무를 사용하여 선반을 입맛에 맞게 제작하여도 되지만 시중의 선반 역시 저렴하고 튼튼해서 추천할만 합니다. 코스트코에서 구입할 수 있는 고릴라랙 제품을 사용하였습니다.

조립식 선반은 뼈대 역할을 하는 앵글과 물건을 올릴 수 있는 선반으로 구성됩니다.
선반은 조명을 별도로 설치해주어야 하므로 앵글부의 조립을 먼저 합니다.

선반은 볼트 너트 조립이 아닌 끼우기 방식의 선반이 간편한데, 조립이 잘 되지 않는 부분은 고무망치를 사용하여 톡톡 두드리며 조립을 이어갑니다.

선반의 기초가 되는 앵글을 조립했습니다. 처음 위치를 결정하면 옮기기가 쉽지 않으므로 계속 채소를 재배할 수 있고 전기 공급(220V)이 비교적 용이한 곳에 설치하세요.

5단 선반이지만, 중앙 3단만 사용했습니다. 다른 위치는 수납 용도로 사용하면 채소도 재배하고 수납도 가능한 실용적인 공간으로 탄생하게 됩니다.

 ## LED 조립

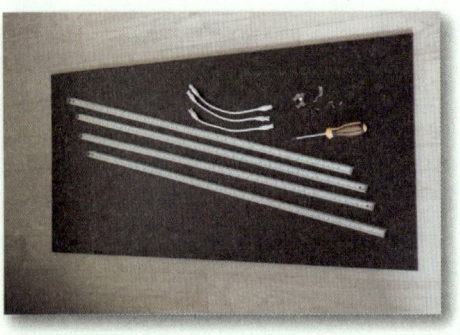

선반은 LED를 조립한 이후 앵글에 설치하는 것이 편리합니다.
선반 한 단에 50W 정도의 LED(4줄)를 구성하였습니다. 이 정도의 LED라면 쌈채소를 재배하기 충분한 광량이 나오므로 부족함이 없습니다.
LED 수량이 이보다 많다면 조금 더 튼튼하게 키울 수 있지만 열이 많이 발생하여 전기 사용이 과할 수 있고, 이보다 LED가 적다면 빛이 부족하여 식물이 건강히 자라기 어렵습니다. 1~2회를 재배해본 후 LED의 개수는 자신에게 맞게 적당히 조절하면 됩니다.

먼저 LED를 가배치 해봅니다. LED바가 너무 가장자리에 배치되면 버리는 빛이 많아집니다. 빛의 조사 각도를 고려하여 중앙을 중심으로 적당히 떨어뜨려야 좋은 배치가 됩니다.

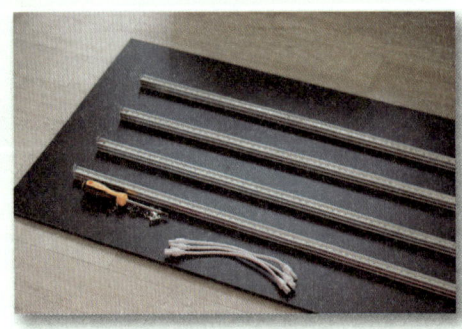

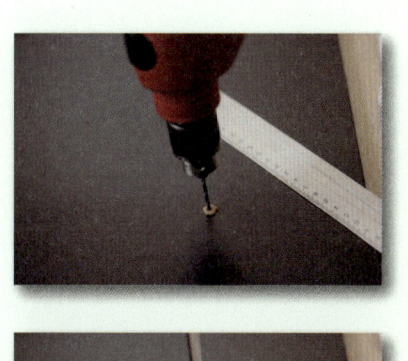

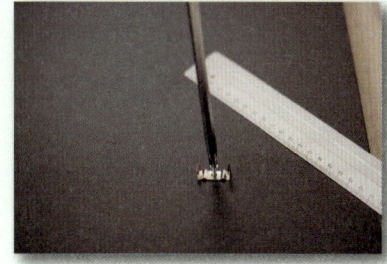

LED가 설치될 자리를 정했다면 LED바를 거치할 수 있도록 나사를 고정합니다.
전동드라이버나 전동드릴을 사용하면 보다 쉽게 작업할 수 있습니다.

LED바가 설치될 위치에 고정핀 작업이
완료되었습니다.

LED 바를 고정해주고 전기선을 설치합니다.

전원을 켭니다.
밝게 빛이 난다면 성공입니다.

이미 조립해둔 앵글에 LED 바가 설치된 선반을 올려서 기본적인 구성을 마쳤습니다.

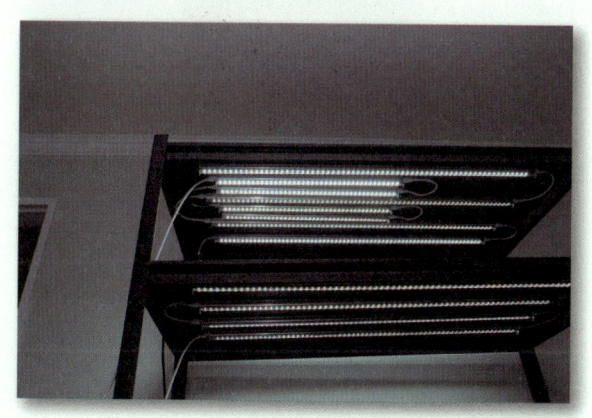

가장 위 층의 한쪽 공간에 보다 많은 LED를 배치하여 설치하였습니다. 육묘를 위한 공간으로 육묘 시기에 더 많은 빛을 비추어주기 위함입니다. 새싹은 초기 웃자람을 잡는 것이 매우 중요한데, 이 공간은 LED가 많이 설치되어 다른 공간보다 빛이 약 2배 정도 강할 것입니다.

이쪽에서 모종을 만들어내고 어느 정도 모종이 튼튼하게 성장한 것을 확인하면 다른 층의 넓은 공간에 정식하여 분산해서 키울 것입니다.

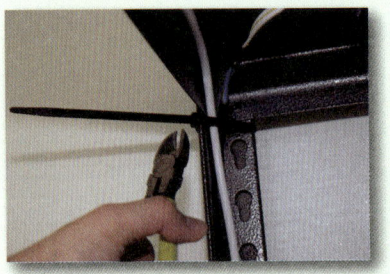 

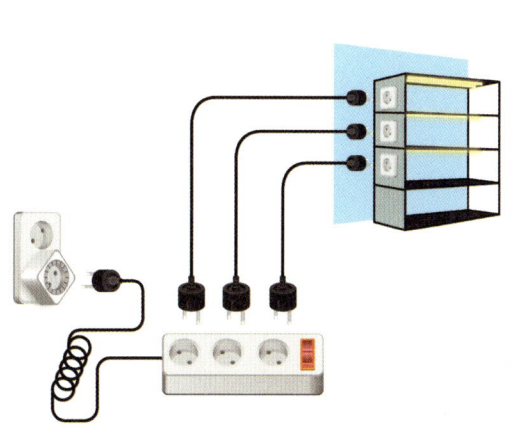

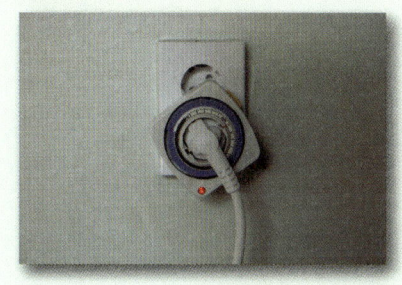

마지막으로 전체 전원을 24시간 타이머에 설치하는 것으로 마무리합니다. 매일 일정한 시간에 LED를 수동으로 ON-OFF를 해주는 기능인데, 한 번의 설정으로 조명의 자동 조작을 해주기 때문에 편리해집니다.

하루 몇 시간 LED를 점등하는 것이 옳은지 정해진 것은 없지만 대략 14시간~16시간정도 조사를 하면 안정적인 생장을 기대할 수 있습니다. 가족이 취침하는 시간대와 활동하는 시간대에 맞추어 전원을 조절해주면 LED로 인한 큰 불편 없이 식물공장을 만들 수 있습니다.

미니 식물공장, 파종부터 수확까지

씨앗을 물에 담금으로써 식물공장 프로젝트를 시작합니다. 씨앗은 온도, 습도, 빛(혹은 어둠)과 산소가 있어야 하며, 종지를 이용하여 종자를 물에 침전하면 발아가 이루어 집니다.
하루나 이틀이 지나면 발아가 시작되며 충분히 뿌리가 나오면 스펀지에 옮겨 심습니다.

어느 정도 길이의 뿌리가 확인되면 스펀지를 준비합니다. 씨앗의 거치가 쉽기 때문에 스펀지는 수경재배용 제품을 구입하는 것을 권장합니다. 일반 스펀지를 사용할 경우에는 칼을 이용하여 씨앗이 담길 수 있는 공간을 만들어줍니다.

▲ 씨앗을 담기 좋게 나온 수경재배 스펀지

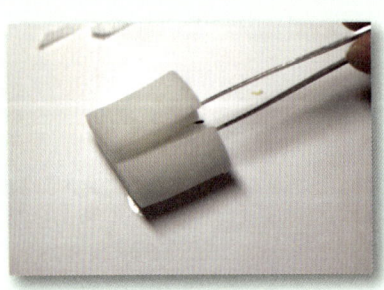

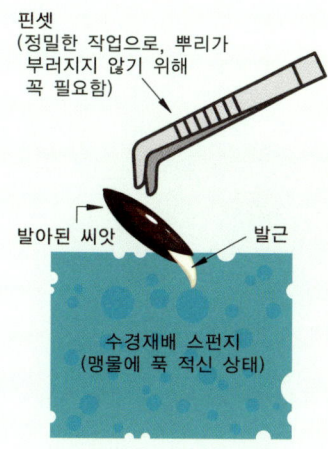

물에 충분히 적신 스펀지에 발아가 확인된 씨앗을 거치해주는 과정입니다. 뿌리가 상하게 되면 그 씨앗은 죽기 때문에 이 과정은 특별히 조심해야 합니다.
특히 뿌리가 부러지지 않도록 조심하세요.

▲ 씨앗을 스펀지에 거치

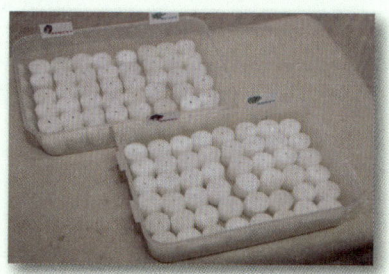

씨앗의 파종부터 약 20일 정도의 육묘기간은 수경재배에서 매우 중요한 시간입니다. 씨앗이 콩나물과 같이 웃자라버리면 수경재배는 실패하기 쉽습니다. 빛이 가장 강한 곳에 모종이 집중적으로 육묘될 수 있도록 넓지 않은 공간에 모아서 키웁니다.

스펀지에 옮겨 심고나서 하루, 이틀이 지나면 새싹은 힘차게 스펀지 위로 솟아오릅니다. 웃자라지 않게 하기 위한 가장 중요한 시기입니다. 최소 1만 lux의 광량이 필요한데, 학생들이 책상에서 사용하는 스탠드라면 약 10cm 정도 거리의 빛입니다.

이 시기부터 정식을 하는 15~20일 동안 조명과 10~15cm에 위치하도록 바짝 붙여 줍니다. 한번 웃자라버린 새싹은 쉽게 쓰러지고 약하게 자라지만 웃자람 없이 잘 키워진 모종은 정식 이후 빛이 다소 약하더라도 웃자라지 않고 튼튼히 키울 수 있습니다.

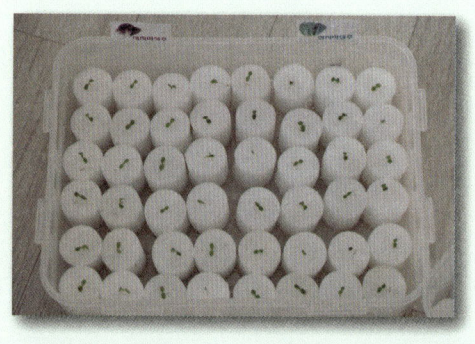

▲ 파종 7일 후

풍부한 빛을 받아 떡잎이 펼쳐지는 새싹의 파종 7일 후의 모습입니다. 스펀지는 초기 맹물을 충분히 적셔준 이후 추가적인 수분 공급은 필요하지 않습니다. 웃자람을 막기 위하여 지속적으로 강한 빛을 공급해주어야 합니다.

▲ 파종 9일 후

상추 떡잎은 제법 커졌으며, 잎 중간에 작은 본잎이 나오기 시작합니다. 두 장의 떡잎이 갈라지고 본잎이 나오는 위치는 스펀지에서 가까우면 가까울수록 좋은 모종입니다. 웃자랐다는 의미는 본잎의 위치가 바닥면에서 먼 것을 말하는데, 수경재배는 토경재배와 같은 복토의 과정이 쉽지 않으므로 빛을 되도록 강하게 공급해주어 웃자람을 막는 것이 중요합니다.

첫 본잎이 보이기 시작하면 분무기를 사용하여 시비를 하기 시작합니다. 약 10일 정도 지난 스펀지는 표면부터 건조해지고 본잎 발현 시기부터 양분의 공급이 있으면 순조롭게 생장을 이어갈 수 있습니다. 하이포넥스는 4000~8000배의 옅은 농도로 물에 희석하여 스펀지를 적시는 기분으로 시비를 해줍니다. 하이포넥스 4000배 희석의 의미는 하이포넥스 1g을 물 4000cc에 섞는다는 것입니다.

▲ 파종 12일 후

파종 12일이 지나면 첫 본잎의 크기가 떡잎과 엇비슷해질 정도로 많이 자랐음을 확인할 수 있습니다. 뿌리는 이미 바닥면의 스펀지를 뚫고 나왔으니 이제 뿌리 뻗음이 충분해지도록 스펀지 위치를 살짝 올려주는 작업을 합니다.

양액이 담긴 통에서 스펀지가 띄워지도록 작은 나무토막과 토경재배용 깔망을 준비하였습니다. 토경재배용 깔망은 토경재배에서 흙 빠짐을 막아줄 뿐 아니라 수경재배에서 뿌리가 스펀지 아래로 잘 뻗을 수 있도록 도와줍니다.

양액은 조금 더 농도를 올려 2000배 희석액을 부어주었습니다. 수위는 스펀지의 하단부에 수면을 맞춰줍니다. 물이 너무 적으면 양액에 뿌리가 닿지 않게 되고 너무 높으면 뿌리가 물에 잠겨 썩게 됩니다.

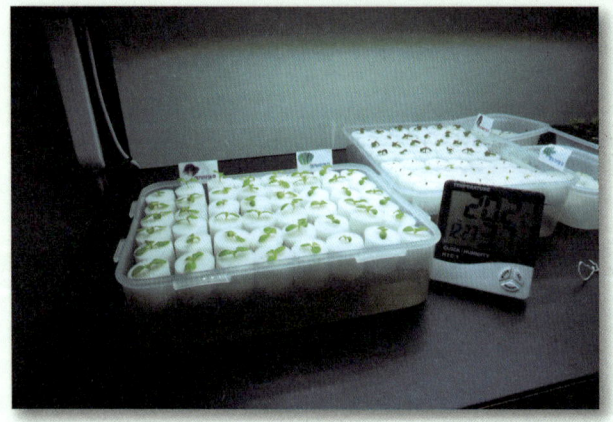

강한 LED 빛을 계속해서 비추어 웃자람이 발생하지 않도록 합니다.
온도와 습도는 항상 체크합니다.

▲ 파종 15일 후

파종하고 나서 보름이 지나면 떡잎 사이의 본잎이 여러 장 나옵니다. 상추는 꾸준히 자라며 스펀지 아래로 이전보다 많은 잔뿌리가 보이게 됩니다. 이 때 잔뿌리는 많을수록 좋습니다.

스펀지에 물이 너무 많으면 잔뿌리가 뻗지 않으므로 스펀지가 물에 잠기지 않도록 관리해주는 것이 중요합니다.

▲ 파종 17일 후

파종 17일이 지나고 이제 본잎의 크기는 성인의 엄지손가락만큼 커졌습니다. 뿌리가 활발하게 뻗었다는 것을 확인할 수 있습니다. 양액은 2000배를 유지하며 양액의 수위가 스펀지 하단을 범하지 않도록 적정량을 유지해줍니다.

▲ 파종 19일 후

파종 19일 째입니다. 떡잎을 제외하고 4장의 본잎이 보이네요. LED 빛을 받아 온도가 일정하게 유지되고 양분도 충분히 공급되기 때문에 빠른 속도의 생장을 확인할 수 있습니다.

▲ 파종 21일 후

20일이 지나면 상추들이 주변의 스펀지에 뿌리가 뻗어 엉키게 되고 본잎 또한 서로 엉키게 되어 이제 정식을 해주어야 합니다. 비용이 적게 들고 손쉬운 담액식 방법으로 정식을 시작합니다.

▲ 정식 준비물

잘 키워진 모종과 수경재배 화분으로 사용할 컵, 수경재배 포트와 수경재배 배드, 그리고 수경재배 비료를 준비합니다. 배드는 검은색 폼보드를 사용하였습니다. 빛에 의해 수온이 올라가지 않도록 유지해주어야 하고, 빛이 양액에 닿지 않아야 하므로 검은색 폼보드를 사용하여 배드를 구성해주는 것이 좋습니다.

모종을 한 포기씩 분리합니다. 뿌리가 손상되지 않도록 조심히 다루는 게 포인트.

모종이 심어진 스펀지는 거치를 위한 수경재배 포트에 장착합니다. 스펀지와 포트는 장착이 된 이후 흔들림 없이 꽉 끼워지는 것이 좋습니다.
모종의 뿌리가 포트의 중앙에 잘 내려갈 수 있도록 핀셋을 이용하여 조심스럽게 정리 해줍니다.

이제 미리 준비해둔 배드에 포트를 거치합니다. 배드는 양액이 들어있는 화분에 거치할 수 있는 역할을 합니다.

수경재배 비료와 물통을 준비하여 양액을 제조합니다. 정식 단계에서 1000배 희석을 하여 이전보다 양액의 농도를 올렸습니다. 생수병 2L의 물을 채웠다면 수경재배 비료는 2g 정도 넣어줍니다. 비료와 물이 잘 섞이게 흔들어준 후 화분에 물을 부어줍니다.

▲ 양액의 수위 조절 높이

수경재배 스펀지
(맹물이 대부분 증발한 상태)

양액투입
(스펀지 밑만 깔리게)

양액은 스펀지의 밑면이 살짝 닿을 정도로 수위를 조절해줍니다. 물이 너무 많으면 뿌리가 호흡하지 못하고 결국 채소가 병들게 됩니다.

▲ 정식 완료

한 포기씩 동일한 작업을 하여 정식을 마칩니다. 양액은 교환이 아닌 리필의 개념으로 접근해 주세요. 개체마다 생장 속도가 모두 다르기 때문에 양액을 채워주는 주기는 초기 정식 이후 약 20일 후까지 추가적인 리필 없이 재배할 수 있으며, 이후의 리필 주기는 계속 짧아집니다.
그 만큼 물이 많이 필요해지기 때문이죠.

▲ 파종 23일 이후

파종 후 23일이 지나면 본잎의 개수도 늘고 잎도 커집니다. LED의 점등 시간을 조절해주는 것 이외에 특별한 관리가 필요 없으므로 채소가 매일 자라는 것을 감상해 주세요.

▲ 파종 28일 이후

파종 28일 이후의 모습입니다. 어린 아이의 손바닥 크기까지 채소가 자랐습니다.

▲ 파종 28일 이후

▲ 파종 33일 이후

수경재배 상추가 제법 성장하였네요. 정식은 하였지만 자기들끼리 공간 간섭을 하기 시작합니다.

서로 잎 때문에 그늘이 가려져 빛이 닿지 않으면 생장이 더뎌질 수 있으므로 주기적인 수확이 꼭 필요합니다.

▲ 파종 34일 이후

한 달 남짓 상추를 키우고 나면 수확이 가능합니다. 성인 손바닥 크기까지 자라기 때문에 쌈채소로 손색이 없습니다.

수확은 맨 아래 잎부터 수확을 합니다. 상추류는 보통 한번 수확하고 끝나는 것이 아니고 첫 수확 이후에도 약 2달 동안 지속 수확이 가능합니다. 뿌리가 굵고 건강히 자라면 수확의 주기는 점차 짧아지지요.

▲ 첫 수확

계절에 영향을 받지 않고 연중 재배가 가능한 실내 미니 식물공장은 베란다 텃밭과 더불어 가정에서 손쉽게 채소를 재배할 수 있는 한 가지 방안입니다.

최근 LED의 보급이 빠르게 늘어나고 조명을 쉽게 구할 수 있게 되면서 많은 연구 기관에서는 식물공장 프로젝트가 활발히 수행되고 있습니다. 채소 재배에 가장 최적화된 빛의 파장과 세기, 양액의 성분과 농도 조절, 그리고 온도의 조절과 같은 연구결과는 많이 나와있고, 지금도 다양한 연구성과가 발표되고 있습니다. 가정용 식물공장 프로젝트 역시 지금보다 무궁히 발전할 것으로 기대합니다.

아이와 함께 키우는 미니 식물공장 프로젝트에 한번 도전해보세요.
채소 키우는 이야기로 가득하며 가정의 행복은 절로 찾아올 것입니다.

원포인트 레슨

단돈 1,000원으로 시작하는 베란다 텃밭, 초저예산 프로젝트!

베란다 텃밭은 돈이 많이 든다? 반은 맞고 반은 틀린 이야기입니다.
예산이 넉넉하다면 식물재배용 LED를 갖추고 양액의 순환과 농도를 조절할 수 있는 수경재배 시스템을 멋지게 만들 수 있는데,
이럴 경우 생각보다 많은 비용이 들어가게 됩니다.
하지만 단돈 1,000원으로도 얼마든 나만의 베란다 텃밭을 만들 수 있기에 누구라도 부담 없이 즐길 수 있습니다!

1,000원의 베란다 텃밭 프로젝트!

- **화분** – 페트병 재활용(0원), 혹은 스티로폼 재활용(0원)
- **씨앗** – 나베텃카페 씨앗뱅크, 회원간 씨앗 나눔 이용
  (5가지 채소 씨앗 차비 1천원)
- **흙** – 인근 텃밭 흙을 얻을 수 있는 곳에서 준비(0원)
- **거름** – 음식물쓰레기 부숙 후 활용(0원), 혹은 생략

총 예산 : 1,000원

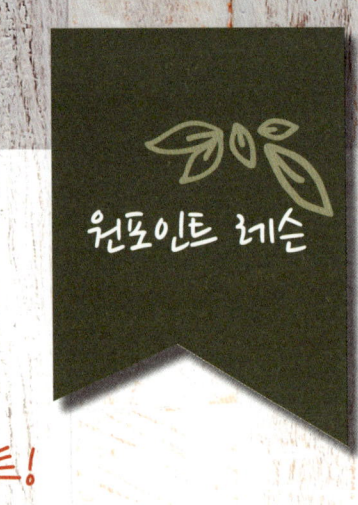

페트병을 재활용하여 재배한 한겨울의 베란다 텃밭 아욱과 잎들깨

씨앗이 발아하여 작은 새싹을 감상하고 키우는 과정은 고예산이나 저예산이나 똑같습니다.
큰 돈을 들여서 화려한 텃밭을 만드는 것도 좋지만,
적은 돈으로 작지만 알찬 나만의 텃밭을 가꾼다면 즐거움이 배가 될 것입니다!

메모!

재활용품을 활용하는 지혜!

버리기 아까운 분유통을 어떻게 활용할 수 있을까요? 베란다 텃밭을 위해 멋지게 재탄생하는 재활용품. 환경도 지키고 채소도 키우는 일석이조의 기쁨을 만끽해보세요.

 ## 특별한 나베텃

베란다 텃밭을 꾸미는 방법은 다양합니다. 그 중에서도 따라하기 쉽고, 독특하며 개성 넘치는 나만의 베란다 텃밭 가꾸는 방법 몇 가지를 소개합니다. 채소를 잘 키우는 방법과 즐겁고 신나게 키우는 노하우 이 두 마리 토끼를 모두 잡아봅시다.

 ### 분유통 재배

분유통은 어린 아이가 있는 집이라면 흔하게 찾아볼 수 있는 재활용품입니다. 이미 그 자체로 훌륭한 화분이 될 수 있지요. 채소 한 포기를 너끈히 키울 수 있을 정도로 큼직할 뿐만 아니라 철, 금속 재질이기 때문에 튼튼하기까지 하죠. 바닥면에 물이 빠질 수 있도록 간단한 타공작업만 거치면 바로 화분으로 활용이 가능하기에 분유통은 나베텃 카페의 많은 회원분들에게 인기를 얻고 있는 아이템입니다.

화분으로 가치가 충만한 빈 분유통 ▲

화분으로써 분유통은 먼저 바닥면 타공 작업을 마쳐야 합니다. 물이 빠지지 않는 화분이라면 뿌리가 이내 썩어버리게 됩니다. 바닥면의 타공작업은 꼭 해야 하지만 타공에는 노하우가 필요합니다. 재활용 테이크아웃 컵이나 얇은 플라스틱 통들은 송곳으로 간단히 구멍을 낼 수 있지만, 분유통은 금속재질이라 쉽게 뚫리지 않죠.

콘크리트못과 망치, 펜치를 준비해주세요. 펜치로 못을 꽉 잡고 뚫고자 하는 위치에 망치로 톡톡 쳐주면 어렵지 않게 쉽게 구멍을 낼 수 있습니다.

▲ 분유통 바닥면 구멍내기

물이 빠지는 구멍은 많을수록 좋습니다. 흙이 많이 유실되지 않을 정도의 충분한 구멍을 내었다면 분유통 화분으로써 준비는 끝났습니다. 바로 흙을 담아 채소를 키울 수 있지요.

분유통은 엽채류, 과채류, 근채류 모두 키우기에 알맞습니다. 이 중에서 배추는 성장도 빠르고 적은 빛으로도 잘 자랄 수 있습니다. 집에서 키우는 배추는 약을 사용하지 않기 때문에 가장 믿을 수 있고 생으로 섭취할 수 있는 훌륭한 쌈채소입니다. 분유통 화분과 궁합이 좋은 분유통 배추를 소개합니다.

▲ 분유통 배추 재배

배추 씨앗은 구하기 쉽고 카페에서 나눔도 흔한 편입니다. 발아율도 뛰어난 편이라 분유통 화분에 1립~2립 정도 심어 재배할 수 있습니다. 다른 베란다 텃밭 채소와 마찬가지로 초기 새싹에 웃자람이 발생할 수 있는데, 토경 재배라면 복토를 해서 웃자람을 방지할 수 있습니다.

▲ 분유통 배추 모종내기

배추는 거름이 많이 필요로 하는데, 분유통에서 통통한 배춧잎을 수확하고 싶다면 적당한 비료를 넣는게 좋습니다. 밑거름을 하지 못하였더라도 생육기간 중 웃거름을 1~2회 정도 시비하면 배추가 더욱 튼튼하게 자라는 모습을 확인할 수 있습니다. 배추의 특징 중 하나가 다른 채소에 비해 적은 빛에서도 잘 자란다는 점인데, 빛이 적은 베란다 텃밭에 어울리는 채소라 할 수 있습니다.

베란다에서 2달 정도 키운 배추입니다. 베란다 공간이 좁기 때문에 배춧잎이 주변의 다른 화분에 간섭되는 것을 막기 위해 잎을 묶어 주었습니다.

분유통은 이렇게 그 자체로도 훌륭한 베란다 텃밭 소재가 될 수 있습니다!

▲ 분유통 상추생채 키우기, 적겨자채 키우기

메모!

3장 작물 키우기

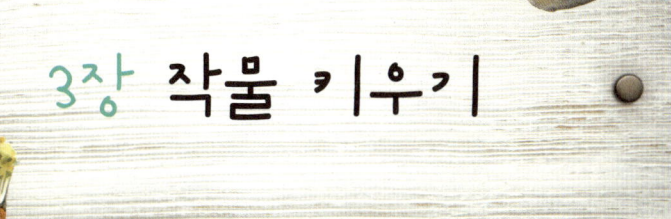

- 씨앗으로 베란다 고추농장 만들기
- 청치마 상추 키우기
- 시중의 화분을 활용하여 콩나물 시루 만들기
- 한 가지는 재미없다. 모듬 쌈채
- [원포인트 레슨]
 -베란다텃밭! 과연 유기농인가?!
 -새싹채소씨앗? 무엇이 다를까
- 매력넘치는 희귀 채소 키우기
 아이스플랜트 / 래디쉬 / 바질 / 딸기 / 비타민채

즉석에서 수확하여 밥상에 곁들이는 아삭이 고추!

조미채소로써 요리에서 다양하게 쓰이는 고추. 베란다 텃밭은 고추를 풍성하게 공급해줄 수 있는 소중한 공간이 됩니다. 토경재배로 많은 고추열매를 맺고자 한다면 넓은 화분이 필요하지만 수경재배를 한다면 좁은 화분으로도 많은 열매를 맺을 수 있습니다.

 씨앗으로 베란다 고추농장 만들기

베란다 텃밭에서 가장 인기 있는 작물 중 하나는 고추입니다. 베란다에서 키우기 쉽기 때문이죠. 화분만 잘 관리해준다면 생산량도 적지 않고 보는 재미와 수확하는 재미가 동시에 있어 추천하는 작물입니다.

베란다 텃밭 고추는 토경재배와 수경재배 모두 가능합니다. 모종 구입보다는 씨앗부터 시작하기를 권장하며, 파종 적절 시기는 1월~2월입니다.

겨울에 파종을 하면 봄-여름-가을 내내 수확할 수 있으며, 고추는 다년생으로 개체가 얼어 죽지 않는다면 이듬해 다시 수확이 가능합니다.

▲ 돌도리민트네 베란다 텃밭 고추

모종보다 씨앗부터 시작하기를 권장하는 이유는 고추 모종이 시장에 나오는 시기는 정해져 있고 이는 베란다 텃밭의 추천 시기와 일치하지 않기 때문이기도 하지요. 베란다 텃밭은 연중 온도가 노지텃밭에 비해 항상 높으며 고추의 개화와 결실 시기도 그만큼 빠릅니다.

조금 더 일찍 고추 열매를 만날 수 있으므로 겨울에 파종을 하여 실내에서 온전히 LED와 같은 인공광으로 육묘를 한 후 봄이 되어 정식을 거쳐 베란다로 나간다면 이상적인 베란다 텃밭 고추 재배 일정이 될 것입니다.

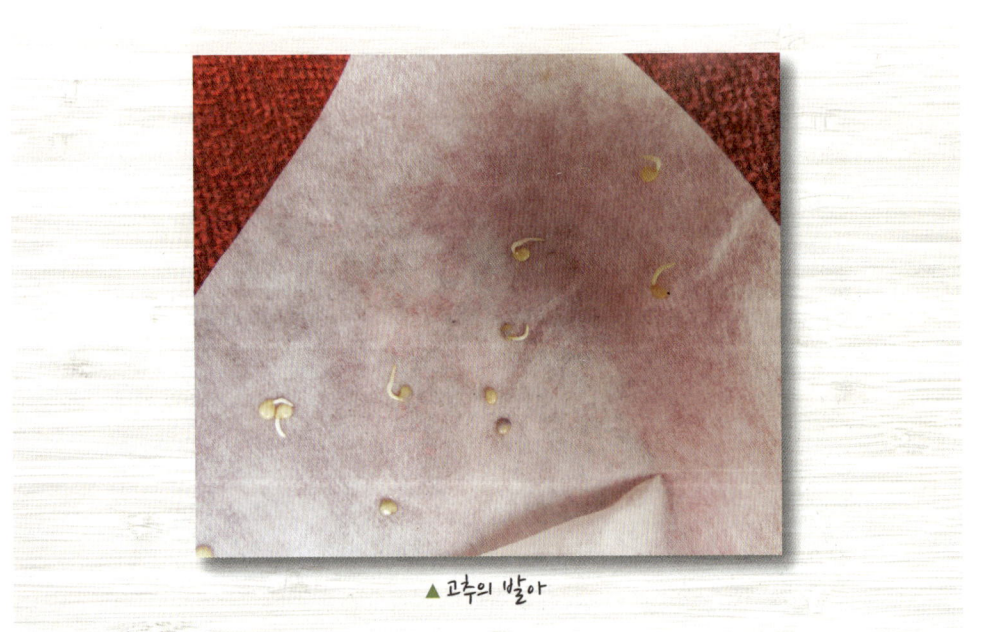

▲ 고추의 발아

고추는 상추와 무에 비해 발아 기간이 훨씬 깁니다. 빠르면 일주일, 보통 10일~15일은 넉넉히 기다려야 하지요. 파종 방법으로는 흙에 바로 심는 것도 좋으나 눈으로 발아를 확인할 수 없기 때문에 투명한 용기에 물과 함께 담근 후 발아가 확인된 씨앗에 한해 하나씩 포트에 심는 방법을 추천합니다. 나베텃 회원들이 많이 사용하는 방법으로 솜에 물을 적신 후 그 위에 씨앗을 두어 발아를 시키는 방법이 있습니다. 씨앗이 발아를 하기 위해서 온도와 수분, 경우에 따라 빛이 필요한 경우가 있는데, 솜발아 기술은 수분을 일정하게 유지시켜 주기 때문에 손쉬운 편입니다.

씨앗으로 모종을 만들기 위해서 일반적으로 토경 육묘를 많이 합니다. 흙에서 재배가 이루어지기에 모종 판매자들은 이에 맞게 흙으로 모종을 만듭니다. 베란다 텃밭은 토경재배, 수경재배로 고추 키우기가 모두 가능한데, 토경재배 고추는 큰 화분이 필요하다는 단점 아닌 단점이 있습니다.
화분이 충분히 커야 열매가 많이 맺을 수 있기 때문입니다.

반면 수경재배 고추는 비교적 작은 화분에서도 크게 키울 수 있습니다. 어쩌면 베란다 텃밭에 조금 더 적합할 수 있겠네요. 솜파종으로 발아가 된 씨앗은 핀셋을 이용하여 수경재배용 스펀지에 살짝 넣어줍니다. 너무 깊게 넣어주면 뿌리가 뻗지 못하고 안에서 썩을 수 있으니 주의해야 합니다.

재활용 용기를 활용하여 발아된 고추 씨앗을 스펀지에 넣습니다.

▲ 고추 씨앗의 발아 직후 스펀지에 씨앗 투입

▲ 발아 15일 후

육묘를 위해 발아 이후 LED 광원에서 하루 12시간 이상의 빛을 비추어 줍니다. 튼튼한 모종을 만드는 것이 가장 중요한 부분입니다. 빛이 많이 드는 정남향의 집이라면 인공적인 빛보다 자연광인 햇빛을 통해 육묘가 가능하지만, 향이 불리하거나 앞 건물에 가려지는 중저층 아파트 주택이라면 LED를 통해 모종을 기르는 것이 유리합니다.

발아 후 15일이 지났습니다. 떡잎이 크게 뻗고 제법 힘차게 줄기를 뻗고 있네요. 빛이 부족하면 웃자랄 수 있는 시기이므로 LED를 꾸준히 비추어 주는 것이 중요합니다. 이 무렵부터 수경재배 양액을 조금씩 넣어 주어야 합니다. 종자가 가지고 있는 영양분 외에도 외부로부터 영양이 공급되어야 잘키울 수 있습니다.

▲ 발아 20일 후

▲ 발아 25일 후

발아 이후 20일이 지나기 시작하면 떡잎 사이로 본잎이 나오기 시작합니다. 모종이 실패하지 않게 하기 위해서는 계속적으로 많은 빛이 필요로 하는 시기입니다.

▲ 발아 20일 후

좁은 공간에서는 더 이상 키울 수 없기 때문에 이제 고추를 분리하여 계속 육묘하기로 합니다. 이미 크게 성장한 고추는 스펀지에서 뿌리가 서로 엉켜 있을 수 있기 때문에 스펀지를 분리할 때 뿌리가 손상할 수 있습니다.

▲ 종이컵을 이용하여 좁은 공간에서 분리하여 모종 키우기

스펀지를 분리한 어린 고추는 종이컵을 활용하여 다시 나누어 주었습니다. 옆 고추와 간섭이 덜하여 LED 빛이 골고루 잘 닿을 수 있고, 뿌리도 다른 스펀지와 엉키지 않고 독립 공간에서 자랄 수 있습니다. LED 빛이 햇빛보다 강하지 않지만 비춰주는 시간을 조절할 수 있고 베란다 텃밭에서의 육묘 실패 확률은 훨씬 적습니다. 아직 베란다로 나가기 전까지는 LED 빛을 충분히 비추어 주는 것이 좋습니다.

▲ 발아 35일 후

수경재배 양액의 농도를 너무 높지 않게 조절하여 LED 아래에서 계속 키웁니다. 고추는 발아 후 35일~40일 정도 실내에서 키운다면 정식할 수 있습니다.

발아 후 40일째, 2L 생수병을 이용하여 수경재배 정식 화분을 만들었습니다. 생수병의 입구 부분을 자른 후 고추 모종을 살짝 끼워줍니다. 그 위에 마사토로 채워주면 무게 균형을 잡을 수 있으면서 양액의 녹조 방지를 위한 차광까지 가능해집니다.

▲ 발아 40일 후, 수경재배 정식

수경 양액을 담은 통에 미리 만들어 둔 고추 모종을 올리면 정식을 끝납니다. 수경 양액을 담은 통은 생수병을 활용하였고, 빛에 의한 녹조 현상을 줄이기 위해 은박테이프를 부착하여했습니다. 별도의 전문적인 농업용 육묘 트레이를 사용하지 않고도 충분히 재활용품을 이용하여 모종을 길러내었습니다.

▲ 발아 40일 후, 수경재배 정식

▲ 발아 40일 후, 고추 12포기 수경재배 정식 후 베란다에 배치

잎이 커지고 줄기가 커지면 실내에서 LED를 사용하여 키우기가 어려워집니다. 보다 넓은 공간을 비추어주어야 하는데, 실내에서는 공간의 제약이 따르기 때문이죠. 이제 자연광을 사용할 차례입니다. 무한 에너지인 태양빛은 농작물을 키우는데 베란다 텃밭에서 여전히 중요한 요소입니다.

수경 양액은 뿌리가 완전히 잠기지 않도록 수위를 조절해주세요. 뿌리 역시 산소 호흡을 해야 하는데, 양액에 완전히 잠긴다면 썩을 수 있습니다. 순환식 수경재배 시스템은 양액을 지속적으로 흐를 수 있도록 할 수 있지만 시설 비용이 많이 들고 전기를 사용해야 하는 단점이 있습니다.

나베텃 회원들이 많이 이용하는 담액식 수경재배 시스템은 양액이 오래 고여 있으면 썩기 때문에 조금씩 자주 채워주는 방법을 사용하는 것이 뿌리 건강에 좋습니다.

Tip. 양액은 꼭 차광을 하자

▲ 녹조 발생, 양액 차광이 필요한 이유

수경재배의 양액에는 생장에 필요한 영양소가 골고루 들어가 있습니다. 내가 키우려 하는 채소에만 그 영양소가 잘 공급된다면 좋을텐데, 꼭 그렇지만은 않습니다. 뿌리가 배양액 속에 잠기게 되면 조류가 발생하는데 이를 녹조라 합니다. 영양분이 충분한 배양액은 이런 조류가 생기기 쉬운 환경으로 바뀌는데, 빛을 비추게 되면 조류로 인한 양액 녹화 현상이 더 심해집니다. 배양액은 차광을 충분히 해주어야 조류 발생이 현저히 줄어들면서 건강한 수경 재배를 할 수 있습니다.

▲ 발아 60일 후, 꽃망울이 달리다

충분한 햇빛과 배양액을 통하여 영양을 공급받은 고추는 비록 베란다라는 특수한 환경의 실내텃밭이지만 자라는데 부족함이 없습니다. 고추는 가지가 나뉘는 위치마다 열매가 하나씩 달리게 되는데, 실내텃밭이기 때문에 자연적으로 고추가 달리지는 않습니다. 개화가 되면 열매를 맺기 위하여 꼭 해줘야 하는 것이 있는데, 바로 인공수분입니다. 이는 고추뿐 아니라, 베란다에서 재배하는 모든 과채류들, 이를테면 토마토, 오이, 가지, 딸기와 같은 열매 채소는 모두 인공수분이 필수입니다.

▲ 수경재배 고추 인공수분

고추를 수분하는 방법은 매우 간단합니다. 고추 꽃이 활짝 피면 꽃 중앙 수술에 수많은 꽃가루를 가지게 됩니다. 문구점의 미술용 붓이나, 메이크업에 사용하는 붓을 이용하여 꽃가루를 암술에 인위적으로 묻히는 작업을 하는 것입니다. 노지의 텃밭이라면 바람이 수분을 도와주고 곤충이 수분을 도와주기 때문에 별도로 필요하지 않는 작업이지만, 실내는 그런 형편이 안 되므로 인공수분은 열매를 맺게 하기 위한 꼭 필요한 방법입니다.

고추는 베란다에서 키울 수 있는 다른 과채류에 비해 생산량이 비교적 많은 편으로 그만큼 열매를 맺으려면 오랜 시간이 필요합니다.

▲ 수경재배 고추 열매 달리다

▲ 수경재배 고추 가득한 베란다 텃밭

▲ 작은 화분이지만 큰 고추를 키울 수 있는 수경재배 고추

수경재배 외에도 다른 방법이 있습니다. 가장 평범한 방법이라 할 수 있는 흙재배가 있지요.

▲ 맥주 페트병을 이용한 토경재배 고추 키우기

화분이 큰 만큼 뿌리가 넓게 뻗고 키가 큰 고추를 키울 수 있습니다. 좁은 화분이라면 좁은 대로 아담한 크기의 고추가 자랄테고 관상용으로도 손색없는 고추 나무를 기를 수 있지요.

▲ 수경재배 포트를 활용한 수경재배 고추 모종

베란다에서 열매채소를 키운다는 것은 쉬운 도전은 아닙니다. 작은 씨앗으로 결실을 만들기까지 충분한 지식이 필요할 뿐 아니라 오랜 기간 동안 많은 정성과 보살핌이 필요하지요.

채소 씨앗을 구입하거나 카페 커뮤니티를 통하여 나눔을 받고 싹을 틔우면 생명이 탄생하게 됩니다. 사랑과 관심을 가져준다면 내 가족과 같이 사랑스러운 것이 베란다 채소입니다. 관상용으로도 충분한 가치가 있지요. 발아된 씨앗에서 떡잎과 본잎이 나오고, 생장하여 많은 잎과 꽃이 피어 마침내 열매가 맺히기까지 여정은 경이롭기까지 합니다.

고추는 베란다 텃밭에 적합한 채소입니다. 노지의 텃밭에 비해 조금 이른 주기에 시작할 수 있고 토경재배는 물론 수경재배를 통해서도 알찬 결실을 맺을 수 있습니다.

씨앗부터 시작하는 베란다 텃밭 고추는 매년 수많은 나베텃 가족들에게 사랑받는 실내텃밭 과채류입니다.

메모!

베란다 텃밭에서 가장 잘 자라는 상추 청치마 상추!

베란다에서 키우기 좋은 채소를 추천 받는다면 단연 청치마 상추를 꼽습니다. 베란다 환경에서 생장이 좋은 편으로 수확물의 풍미 또한 으뜸입니다. 청치마 상추 키우는 재미를 소개합니다.

# 청치마 상추 키우기

▲ 베란다텃밭 청치마 상추

베란다 텃밭 초보자가 가장 많이 하는 질문 중 하나는 "베란다 상추가 쉽다고 들었는데 저는 왜 잘 안될까요?"입니다.

베란다 텃밭에서 키울 수 있는 상추와 양상추 품종은 수십가지입니다. 다양한 품종을 키워보았지만 매년 빠지지 않고 베란다 한켠에서 자라고 있는 상추가 있다면 바로 청치마 상추 품종일 것입니다. 씨앗 가격이 저렴하고 상추 고유의 식감도 좋으며 베란다 텃밭에서 가장 키우기 쉽기 때문이죠. 텃밭 초보자가 상추 키우기에 어려움을 겪는다면 품종의 문제도 있지만(때론 베란다에서 정말 키우기 힘든 품종이 있습니다), 방법이 잘못된 경우가 대부분입니다.

베란다 텃밭 상추는 노지 텃밭 상추와는 재배 방법이 상당히 다릅니다. 노지텃밭의 경우는 다른 작물에 비해 충해도 비교적 덜 겪기 때문에 많은 관리가 필요 없는 편인데, 생장도 빠르고 양분도 까다롭지 않아서 "물만 주면 잘 자라는게 상추 아닌가요?"라는 농담이 전해질 정도지요.

노지 텃밭 재배에 익숙한 분들도 베란다에서 상추를 재배할 때는 여간 애를 먹기때문에 우선적으로 몇 가지 챙겨야 하는 노하우가 있습니다. 키우기 과정을 살펴보며 하나씩 확인해봅시다. 토경재배를 기준으로 다루겠지만 수경재배 역시 상당히 매력적인 재배방법이므로 선택은 여러분의 몫입니다.

▲ 청치마상추 씨앗과 발아된 씨앗

청치마 상추 씨앗은 참깨 씨앗과 비슷한 크기로 매우 작습니다. 씨앗이 손상되지 않도록 핀셋을 이용하여 파종이나 옮겨심기 작업을 하면 좋습니다. 씨앗을 물에 담고 빠르면 1~2일 정도 지난 후 발아를 확인할 수 있습니다. 상추의 발아 온도는 상온이 가장 적당하며, 온도가 너무 낮은 겨울철이나 너무 높은 여름철 베란다에서는 발아까지 시간이 오래 걸립니다. 발아 과정에서 시간을 오래 끌 필요는 없기 때문에 되도록 20도~25도를 유지하는 실내에서 싹을 틔우는 것을 추천합니다.

▲ 청치마상추 떡잎

처음보다 1~2배 커진 발아된 씨앗을 흙에 심어줍니다. 흙은 모종을 키우기 쉬운 상토 제품이 좋으며, 시중에 나온 제품은 대부분 품질이 좋아 사용에 큰 무리가 없습니다. 흙은 구입하여 사용하는 것을 권장합니다. 노지 텃밭이나 산에서 흙을 퍼 와서 베란다 텃밭을 가꾸는 것도 가능하지만, 잠재적으로 병해와 충해를 입을 수 있는 여지가 있기 때문에 권장하지 않습니다. 베란다 텃밭은 노지 텃밭에 비해 환기가 불리하고 채광 역시 불리한 편으로 외부의 흙에 의한 병충해로부터 취약할 수 있기 때문입니다.

▲ 상토에서 실내 육묘중인 청치마상추, 적치마상추

LED의 빛이 넓게 퍼지기 때문에 한번에 여러 포기의 상추를 키울 수 있습니다. 한 포기당 가로 × 세로 3cm의 공간이라면 한 포기씩 키워낼 수 있습니다. 씨앗의 가격도 저렴해서 한번 파종하면 여러 포기의 모종을 낼 수 있고 이웃과 나눠도 부담없습니다.

▲ 다른 형태의 육묘, 수경재배 육묘

청치마 상추 수경재배 육모 ▲

▲ 청치마상추 수경재배 육묘

씨앗에서 싹이 나오고 떡잎과 본잎이 발현하여 정식 전의 모종으로 만들어지는 1달간의 시기는 베란다텃밭에서 햇빛이 가장 중요한 시기입니다. 토경재배 키우기나, 수경재배 키우기 모두 빛을 다루는 것이 절반 이상입니다. 웃자라지 않게 하기 위하여 LED를 활용하면 훨씬 좋습니다. LED와 식물을 가까이 놓으면 식물이 탈 염려가 있기 때문에 뜨겁지 않도록 적당한 거리를 유지해줍니다.

▲ 우유 페트병에서 자라고 있는 청치마상추 새싹

모종은 페트병에서 키울 수도 있고, 플라스틱 우유병에서 키워도 좋습니다. 재활용품을 통하여 상추를 재배하는 것은 나베텃 카페 회원들에게 익숙한 일입니다. 온전한 모종으로 자라기까지 물은 되도록 아끼고 빛은 되도록 많이 주는 것이 좋습니다. 물은 채소의 생장을 위해서 꼭 필요하기는 하지만 물이 과하면 뿌리가 뻗지 못하거나 뿌리가 썩는 일이 발생하여 부족한 듯 주는 물주기가 중요합니다.

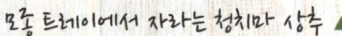
모종 트레이에서 자라는 청치마 상추 ▲

농업용 모종트레이를 준비하였다면 씨앗으로 모종내기가 조금 더 용이해집니다. 전문 농업인들은 씨앗으로 모종을 만들 때 모종트레이를 사용하지만, 베란다텃밭 소규모 작물 재배에서는 반드시 필요한 용품은 아닙니다.

햇빛이 잘 들지 않는 집이라면 좁은 공간에서 LED 스탠드를 활용하면 육묘를 할 수 있습니다. 광합성에 효율성이 높은 식물재배 전용 LED를 사용해도 되지만 일반 LED로도 충분히 활용할 수 있습니다.

▲ 스탠드를 활용한 상추 육묘, 적로메인상추 새싹

▲ 웃자람 없이 튼튼히 자라고 있는 청치마 상추 새싹

씨앗을 파종하여 20~25일이 지나면 정식을 할 수 있습니다. 시장에서 구입할 수 있는 상추 모종 보다는 조금 작지만, 이미 웃자람이 생기는 시기가 지났고 LED가 아닌 자연광에서도 충분히 자라는데 문제가 없기 때문에 정식을 할 수 있습니다. 떡잎을 제외한 본잎이 5장 안팎 정도 되는 시기입니다.

3장_ 작물 키우기 129

▲ 1개의 페트병에서 키워진 상추 모종, 정식을 위한 분리 작업

상추가 어느 정도 자라고서, 만약 모종 트레이에서 상추를 키우지 않았다면 분리를 해준 후 정식을 해주어야 합니다.

우유 페트병이나 생수 페트병에서 키워진 상추는 흙과 페트병을 분리하여 뿌리가 다치지 않도록 먼저 잘 펴줍니다. 하나하나 분리된 상추는 옮겨심을 화분에 나누어서 심어주면 되는데, 이때 화분은 배수가 잘 되도록 신경을 써야 합니다. 시중의 원예 화분은 대부분 물빠짐이 가능하도록 설계되었지만, 재활용품을 활용한 화분은 배수 설계가 되어 있지 않기 때문에 바닥면에 충분한 구멍을 뚫어주어 물이 빠질 수 있도록 해줍니다.

한 포기씩 분리하여 재활용품 화분에 심어진, 로메인상추, 오크상추 ▲

페트병으로 간단히 상추 화분 만들기

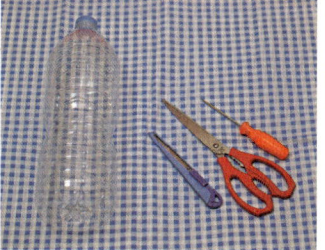

생수 2L 병은 베란다 텃밭에서 상추 한 포기를 키우기에 부족함이 없는 훌륭한 화분 재료입니다. 칼과 가위, 그리고 송곳을 준비합니다.

페트병의 허리에 해당하는 중간 부분에 칼집을 내어줍니다.

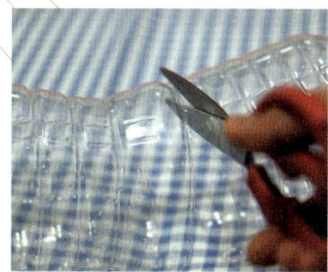

칼집을 낸 자리에 가위로 페트병을 한 바퀴 잘라주어 화분으로 사용할 부분을 분리합니다.

화분의 크기가 클수록 상추 역시 크게 자랍니다. 단 깊은 화분은 물이 잘 안 빠져 뿌리가 상할 수 있으니 주의가 필요합니다.

이제 배수가 가능하도록 페트병 바닥에 구멍을 내줍니다. 송곳을 이용해 안에서 바깥으로 뚫으면 다칠 염려가 없고 쉽게 구멍을 낼 수 있습니다.

페트병 바닥에 물빠짐 구멍이 많으면 많을수록 좋습니다. 화분에서 물빠짐은 매우 중요합니다. 페트병 화분 역시 구멍을 많이 뚫는 것이 좋습니다.

화분에 상추를 정식하였다면, 집에서 빛이 가장 잘 드는 자리로 상추를 배치하여 광합성이 활발하게 이루어지게 합니다. 빛은 실내 텃밭의 절반이라 표현해도 과언이 아닐 정도로 중요합니다. 웃자라지 않도록 잘 키워내었다면, 수확이 이루어지기까지는 웃자람 걱정을 덜하여도 좋으나 지속적으로 햇빛을 비춰줍니다.

물빠짐(배수)과 적정한 시비 역시 매우 중요합니다. 나베텃카페의 상추 키우기 실패담을 보면 과습이 원인인 경우가 많습니다. 노지텃밭의 상추와 실내텃밭의 상추는 얼마만큼 물을 주느냐에 따라 큰 차이를 보입니다. 노지 텃밭에서는 많은 물을 주어도 상추가 상할 일은 거의 없습니다. 하지만 실내텃밭에서는 물을 과하게 주면 뿌리부터 썩기 시작하고, 과습에 의해 병해가 발생하여 힘들게 키운 상추를 망치게되는 경우가 종종 생기지요. 흙의 깊은 부분까지도 잘 말랐는지 확인하면서 물을 반복해서 주면 크게 실패할 일은 없습니다. 화분의 물빠짐 상태나 흙의 배수 정도에 따라 다르지만, 상추 물주기는 3일에 한 번에서 일주일에 한 번 정도면 충분합니다. 흙이 마를 때 물을 주는 것이 물주기의 방법입니다.

페트병을 이용해 상추를 키운다면, 한 통에 한 포기만 심도록 합니다. 페트병 하나에 여러 포기의 상추를 심게 되면 불량하게 자랄 확률이 높습니다. 거름은 생장이 왕성해지는 시기부터 필요하며 과하지도, 부족하지도 않게 시비를 해주는게 좋습니다. 상추용 비료가 시중에 나오기는 하지만, 일반 유기비료나 하이포넥스 계열 복합 비료의 사용을 추천합니다.

정식을 하기 1~2주 전 밑거름을 주고 작물의 생육 상황에 따라 생장 기간 동안 2~3회 정도 웃거름을 줄 수 있습니다. 실내용 관상식물과 베란다 텃밭 채소 재배의 가장 큰 차이점은 시비에 있다고 볼 수 있습니다.

관상식물은 식물을 건강하게 오래오래 두고 보는 것이 목표라면, 채소 재배는 식물의 생장이 멈추지 않고 무럭무럭 자라는 것이 목표입니다. 충분한 양분을 흡수하고 채광이 좋은 곳에서 광합성을 통해 다량의 유기물을 합성하는 과정이 반복되어야 하기 때문에 시비가 부족하지 않도록 챙겨주어야 합니다. 시비는 상추뿐 아니라 모든 베란다 텃밭 작물에 동일하게 필요합니다.

청치마 상추는 파종하고 빠르면 1달 반에서 2달 후부터 첫 수확을 시작할 수 있습니다. 청치마 상추가 자라기에 적당한 온도는 20도 내외이며, 베란다 텃밭은 사계절 재배가 가능합니다. 하우스 시설이 없는 노지 텃밭에서는 월동을 하기 어렵지만, 베란다 텃밭은 1~2월에도 온도가 영하로 떨어지지 않기에 상추는 냉해피해를 입지 않습니다.

겨울의 베란다 텃밭에서 상추를 키운다면 생장 속도가 다소 느릴 뿐, 상추 재배에는 문제없습니다.

상추 키우기의 매력이라면 역시 수확이 일회성이 아닌 여러 차례 이루어질 수 있다는 점입니다. 꽃대를 올리는 시기 직전까지 수확이 가능한데, 상추가 손바닥 크기가 되면 수확을 합니다. 수확방법은 맨 아래의 잎부터 순차적으로 따줍니다. 상추의 중앙부 생장점은 줄기를 올리면서 잎을 계속 생산하기 때문에 이 부분이 손상이 되지 않도록 수확에 주의를 합니다.

베란다 텃밭에서 키울 수 있는 상추로 로메인상추, 치마상추, 축면상추, 오크상추, 생채, 양상추 등이 있습니다. 무엇보다 베란다텃밭에서는 청치마 상추 키우기를 추천합니다. 웃자람도 덜하고 색상도 참 먹음직스럽게 발현하여 매력 만점이지요. 작은 씨앗으로 시작해, 내 자식처럼 애지중지 돌봄을 받아 무럭무럭 커가는 모습을 보며, 기쁨과 마음의 힐링을 얻고, 마침내 수확의 풍성함을 맛보게 되는 작은 감동 스토리에 도전해 보세요.

메모!

**씨앗을 심고서
일주일 안에 수확이
가능한 콩나물,
숙주나물!**

콩나물 시루가 없어도, 화분을 이용해 근사한 콩나물 재배용 시루를 제작할 수 있습니다. 나만의 콩나물, 숙주나물 키우기 프로젝트!

 시중의 화분을 활용하여 콩나물 시루 만들기

채소 재배가 시간이 오래걸리기 때문에 힘들게 느껴진다면 콩나물 재배를 통하여 채소 키우기의 즐거움을 느낄 수 있습니다.

콩나물 콩으로 사용하기 좋은 콩은 작은 소립자 형태의 콩들, 이를테면 유태콩, 서목태, 수박태, 오리알태, 백태 등이 있으며, 녹두를 이용하여 재배하면 숙주나물을 수확할 수 있습니다. 콩나물은 다른 새싹채소처럼 키우기가 매우 쉽고 수확도 빨리 할 수 있어서 가정에서 키우기에도 충분히 매력적인 작물입니다.

▲ 오리알태 물불림   ▲ 한나절 물에 넣어 잘 불려진 오리알태

먼저 오래되지 않은 콩을 구합니다. 콩이 오래되면 발아율이 떨어지므로 되도록 생산년도를 확인할 수 있는 콩을 확인하여 가장 최근의 콩을 구입합니다. 시중의 포장된 콩은 발아가 되지 않을 수 있습니다. 콩나물을 키울 목적으로 콩을 구입한다면 되도록 언제 생산된 콩인지, 발아는 가능한지 확인한 후 구입하는 것이 좋습니다.

콩나물 콩을 준비하였다면 잘 세척한 후 물에 불려줍니다. 발아를 위해 불리는 것으로 반나절~한나절이면 충분히 불어납니다. 물불림 전의 콩이 둥근 형태였다면, 물불림 이후에 콩은 타원형으로 바뀝니다.
오리알태를 이용하여 콩나물 키우기를 시작해봅니다. 충분히 불린 콩은 물에서 건져내어 미리 준비한 시루에 넣습니다.

▲ 콩나물 시루 제작을 위한 원형 플라스틱 1호 화분

콩나물시루는 시중의 제품을 사용해도 되지만, 주변에서 흔히 볼 수 있는 플라스틱 화분을 이용하여 시루를 만들 수 있습니다.

콩나물시루로 활용할 수 있는 플라스틱 화분의 조건으로는

1. 콩이 10cm 이상 충분히 자랄 수 있는 깊이
2. 뚜껑을 덮을 때 외부의 빛이 투과되지 않도록 불투명한 재질
3. 바닥의 물빠짐이 용이한 배수 구조

이렇게 세 가지가 필요조건입니다. 너무 작은 화분은 콩나물을 길게 키울 수 없을 것이고, 불투명한 재질의 화분이라면 차광에 실패하여 콩나물 머리가 녹색으로 변하여 키우기에 실패하게 됩니다.

또한 바닥의 배수도 매우 중요한데 콩나물은 바닥에 물을 받아가지고 뿌리를 담가서 키우는 게 아니라, 흐르는 물에 한 번씩 뿌리를 촉촉히 적시며 키워야 물냄새도 나지 않고 뿌리가 썩지 않게 됩니다.

주변에서 흔히 볼 수 있는 깔망을 준비하여 화분 바닥에 깔아줍니다. 콩이 빠지지 않도록 빈틈없이 딱 맞게 재단하여 깔망을 깔아주는 것이 포인트입니다.

깔망이 준비되었다면 미리 준비한 불린 콩을 시루에 넣습니다. 콩은 너무 많지 않도록 하며, 시루에 넣었을 때 콩이 약 두 알 정도 포개지는 높이라면 적당합니다.

콩나물은 다른 채소를 키울 때와 달리 차광이 필요합니다. 그래서 키우는 동안 빛을 가려주는 것이 중요합니다. 주방의 형광등으로도 콩나물은 충분히 광합성을 시작하여 녹색 빛을 띨 수 있고 질겨지는 성질이 생길 수 있습니다. 화분 받침을 활용하면 사진과 같이 맞춤 뚜껑으로 활용할 수 있지요.

화분에 있는 상표 스티커를 모두 제거하였더니 나만의 콩나물시루로 변신했습니다. 온도는 너무 춥지도 덥지도 않은 상온에서 관리하면 되며, 물은 아침, 점심, 저녁, 잠들기 전 한 번씩 흐르는 물에 샤워하듯 몇 초 주는 것으로 충분합니다. 물이 화분 바닥에 고이지 않아야 냄새도 적게 나고 건강하게 키울 수 있습니다.

 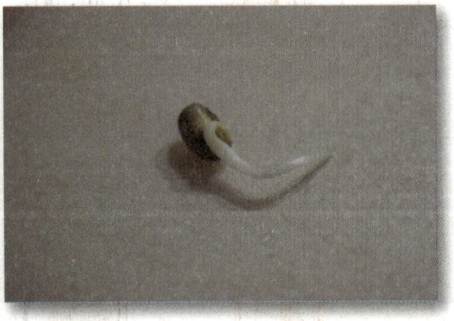

물에 불리고서 72시간이 지난 콩나물시루의 모습입니다. 콩에서 뿌리가 발아하여 서로 뒤엉켜 있는 모습이 보이네요.

일주일이 지난 콩나물시루의 모습입니다. 불림부터 발아까지 많은 시간이 지나진 않았지만 수확을 할 수 있을 정도로 자랐습니다. 이제 수확을 해봅시다.

▲ 간단한 잔뿌리 정리하기

3장_ 작물 키우기 145

▲ 잔뿌리 손질 후 콩나물

잔뿌리 손질을 위하여 콩나물시루에서 통째로 수확물을 들어 올립니다. 깔망에 뿌리가 내려져 있기 때문에 콩나물이 한 번에 올라옵니다. 여기서 잔뿌리는 매우 간단하게 정리할 수 있는데 깔망 아래에 뻗은 뿌리 부분을 가위로 잘라주기만 하면 됩니다.

잔뿌리를 정리했다면, 깔망을 분리하고 콩나물을 씻어줍니다. 아직 콩 껍질이 분리되지 않은 상태이므로 흐르는 물에 콩나물 껍데기를 잘 정리해주면 비로소 콩나물 키우기가 완성됩니다.

같은 방식으로 다양한 콩나물을 키울 수 있습니다. 왼쪽은 녹두를 불린 것이고 오른쪽은 백태를 불린 것입니다. 녹두는 숙주나물을 키울 수 있고, 백태는 콩나물 수확이 가능합니다.

녹두와 백태를 약 일주일 정도 키워냈습니다. 물은 하루 4~5번 주면 충분합니다. 물을 부족하게 주면 잔뿌리가 많이 생길 수 있으므로 주의해 주세요.

나만의 콩나물시루에서 키운 숙주나물입니다. 시루에서 꺼내 잔뿌리를 제거하고 물에 씻어주면 끝납니다. 밖에서 사다 먹는 숙주나물보다 의미 있고 건강한 내 가족의 건강 밥상 재료가 완성되는 순간입니다!

가장 쉽게 키울 수 있는 채소가 무엇이냐는 질문을 받으면 저는 주저 없이 '새싹 채소'라고 말합니다.

'일반 채소 키우기'는 실내텃밭에서의 재배 상식과 노하우가 상당히 필요할 뿐 아니라 다양한 재료가 필요한 반면 '새싹 채소 키우기'는 틀과 공간, 물과 씨앗만 있으면 되며 소요기간도 짧아 초보자에게 더없이 좋은 채소라 할 수 있습니다.

겨우 일주일 밖에 안키웠는데 과연 영양이 충분할까 걱정된다면? 흔히 새싹채소를 작지만 강한 채소라 일컫는데 이유인 즉슨 영양 측면에서도 결코 밀리지 않기 때문이지요.

싹이나 눈이 발아된 지 얼마 안 된 새싹채소 역시 병해충의 문제가 전혀 없기 때문에 농약 걱정을 할 필요가 없으며, 발아하면서 종자 내부의 모든 영양분이 깨어나 새싹에 공급되어, 특히 효소, 비타민, 아미노산 등이 풍부해 집니다. 새싹채소의 이러한 주요 성분들은 성체 채소에 비해 더 많다고 알려져 있어 선진국에서는 새싹채소를 점차 주목하고 있지요.

한 가지는 재미없다, 모듬 쌈채

삼겹살과 함께 즐기는 쌈채소! 이왕 먹는 거, 다양한 쌈채가 있을 때 더 즐거운 것은 누구에게나 마찬가지입니다. 채소별로 재배기간의 큰 차이가 없다면 파종을 할 때 다양한 채소를 뿌리는 것이 좋습니다. 다양한 씨앗에서 다양한 채소가 나올테니까요.

▲ 다양한 채소의 파종, 그리고 발아

채소를 키우다 보면 모든 씨앗의 발아율이 같지 않다는 걸 알 수 있습니다. 어떤 것은 씨앗이 불량이거나 너무 오래되어, 혹은 보관 방법이 잘못되어 발아가 안되기도 합니다. 처음부터 소량으로 다양하게 파종한다면 일부 씨앗이 발아에 실패하더라도 다품종의 풍성한 베란다 텃밭을 가꿀 수 있는 원동력이 됩니다.

▲ 적로메인 상추의 떡잎

▲ 크라운레드양배추의 떡잎과 본잎

▲ 오크 상추의 떡잎과 본잎

다양한 쌈채소를 키우며 그 다양한 빛깔과 생김새를 보는 것도 큰 즐거움입니다. 작은 씨앗이 어떻게 이런 다양한 모습을 만들어 내는가 상상하며 생명의 경이로움도 조금씩 느낄 수 있지요.

잎들깨 또한 베란다 텃밭의 훌륭한 쌈채소가 될 수 있습니다.
생수 페트병 용기를 잘라 만든 화분이라면 각 화분에서 잎들깨를 20장 정도 수확할 수 있는 크기로 자라게 되며, 필요할 때마다 몇 잎씩 수확할 수 있어 좋은 채소입니다.

▲ 다양한 쌈채소의 모종 만들기

동시에 여러 쌈채소의 모종을 만드는 과정입니다. 웃자라지 않도록 빛을 강하게 비추어 주고 물은 너무 많이 주지 마세요.

▲ 비트

비트와 같은 작물은 잎과 줄기의 색깔이 예뻐서 다른 채소와 함께 키운다면 멋진 조화를 이룬답니다.

▲ 모종은 이제 정식으로!

모종이 잘 컸다면 베란다로 나갑니다. 시작은 비록 작은 씨앗이었지만 한 포기 한 포기가 모이다보면 어느새 텃밭 군락이 이루게 되지요. 같이 파종하던 적로메인 상추와 청오크 상추가 쌈채소의 하모니를 이룹니다.

한 겨울 베란다 텃밭에서 청로메인 상추가 결구를 하였네요. 이처럼 로메인상추는 결구를 하는 특징이 있습니다.

밖에서 사먹을 수있는 만큼의 큰 채소를 수확하긴 어렵더라도 내가 수확하는 채소이기에 그 이상의 가치가 있습니다. 독특하고 특별한 나만의 채소를 수확하였습니다.

채소를 재배하며 가장 즐거운 순간이라면 역시나 수확하는 순간이지요. 다양한 품종의 쌈채소로 우리 가족의 건강 밥상을 직접 만들어보세요!

베란다 텃밭! 과연 유기농인가?!

'내가 베란다 텃밭에서 재배한 채소는 얼만큼 유기농이라 볼 수 있는가?' 베란다 텃밭 동호인이라면 누구나 궁금해 할 질문입니다.

'유기농을 어느 범주까지 넣을 것인가'는 단체마다, 기관마다, 그리고 개인마다 그 정의가 천차만별이라 딱 꼬집어 말하기 힘듭니다.

먼저 USDA(United States Department of Agriculture)의 유기농의 정의에 따르면 씨앗부터 재배, 공정과 유통까지 유기농이어야 합니다. 그렇다면 엄밀히 말해 베란다 텃밭이 유기농인가에 대한 질문의 대답은 "No"가 맞을 것 같습니다.
종자가 소독되어 있고, 비료를 사용하는 과정이 아무래도 유기농과는 거리가 멀어보입니다.

베란다 텃밭의 온전한 유기농은 토종종자로 키워낸 채소를 비료없이 길러냈을 때 가능한데, 현재 베란다 텃밭은 그것이 쉬운 편은 아닙니다. 이런 씨앗을 구하기 어려울뿐더러, 열악한 베란다 환경에서는 어느 정도의 비료 사용이 생육에 도움이 되기 때문입니다.

하지만 비록 완전한 유기농은 아닐지라도, 병충해 방제를 위해 농약을 사용하지 않는 것만으로도 너무도 훌륭한 채소가 된다는 것은 분명한 사실입니다. 그 어떤 먹거리보다 내 가족이 안심하고 먹을 수 있는 채소이기 때문이지요.

원포인트 레슨

새싹채소씨앗? 무엇이 다를까?

새싹채소는 한 겨울에도 아무런 제약 없이 실내에서 편하게 키울 수 있어 사계절 재배로 인기가 많습니다.
간혹 인터넷 쇼핑몰이나 종묘농약상에서는 같은 청경채 씨앗인데 일반 재배용 청경채 씨앗이 있고, 새싹채소용 청경채 씨앗이 판매되는 것을 보곤 합니다.
어떻게 다를까요? 두 가지는 섞어서 써도 괜찮을까요?

종자의 처리가 다릅니다. 일반 재배용 채소씨앗은 재배에 목적이 있기 때문에 씨앗을 각종 유해한 성분으로부터 보호될 수 있도록 약품처리가 되어 있습니다. 그렇기에 새싹채소용으로는 부적합합니다.
씨앗을 보면 씨앗의 본 색상과 다른 다양한 색이 입혀져 있는 것을 볼 수 있는데 이는 약품처리가 되었기 때문이지요.

새싹채소 씨앗은 물에 불려 약 일주일 정도 재배한 후에
바로 수확하는 것을 목적으로 하기에 약품처리를 하지 않습니다.
바로 섭취할 수 있어 더욱 안심할 수 있지요.

씨앗을 구입하고자 한다면 각 용도에 맞게 구입하여
사용하는 것이 올바른 방법입니다..

구입하기 힘든 채소의 품종이라도 나는 키워서 먹는다!

우리 집 앞 시장이나, 마트의 채소가 내가 먹을 수 있는 채소의 전부는 아닙니다. 귀하고 독특한 채소라도 내가 키워서 뚝딱뚝딱 재배할 수 있습니다. 특별하고 이색적인 채소 키우기의 마력에 빠져보세요.

매력 넘치는 희귀 채소 키우기

▲ 아이스플랜트

연중 채소재배를 할 수 있어 많은 사랑을 받는 베란다 텃밭의 또 다른 매력은 희귀 채소를 재배할 수 있다는 점이 아닐까 합니다. 시장이나 마트에서 볼 수 있는 상추들은 대개 특정 품종이 전부인 경우가 많습니다. "적상추 주세요"라고 하면 열 중 아홉은 적축면 상추를 내놓고, "청상추 주세요"라고 하면 열에 여덟은 청치마 상추를 주지요. 상추의 품종은 참 여러 가지인데, 구입해서 먹을 수 있는 품종은 극히 일부여서 아쉬울 때가 많습니다.

쉽게 보기 힘든 채소들을 자녀와 함께 키운다면 즐거움 배가 될 수 있습니다. 채소 먹기를 싫어하는 아이라도, 평소 주변에서 볼 수 없는 특이한 채소라면 "네가 키운 이 채소는 세상에 하나 밖에 없는 채소야!"라고 말해줄 수 있을 테고 결국 아이는 채소에 대한 관심과 사랑을 느끼게 될 것입니다.

돈을 주고도 사먹기 힘든 채소들은 생산자 입장에서 해당 농작물이 상업적으로 경제성이 맞지 않기 때문입니다. 수요가 적어 처음부터 농가에서 키우기를 기피하는 채소가 있을 수 있습니다. 간혹 이름이 익숙하지 않아 소비자로부터 외면 받는 채소도 있습니다. 반대로 인기가 있어도 키우기가 까다로워 농가에서 재배를 기피하는 채소도 있지요. 이런 채소들은 시장에서 접하기 어렵지만 베란다 텃밭이라면 이야기가 다르게 됩니다. 소량 생산하여 내 가족이 섭취하는 목적으로 재배하기 때문에 이런 상업적인 경제성은 크게 고려할 필요가 없습니다.

사먹기는 힘들지만 베란다 텃밭에서 키울 수 있는 희귀채소 몇 가지를 소개합니다. 이름하여, 아이스플랜트, 래디쉬, 바질, 딸기, 비타민채입니다.

1. 아이스플랜트

베란다 텃밭을 가꾸는 동호인들에게도 생소한 아이스플랜트는 베란다 텃밭을 하기 때문에 접할 수 있는 독특한 품종입니다. 이름과 다르게 열대 채소의 한 종류인 아이스플랜트는 점차 많은 사람들에게 알려지면서 베란다에서 훌륭히 키워낼 수 있는 작물로 각광받고 있습니다.

독특한 이름의 아이스플랜트

나미브 사막이 원산지로 알려진 아이스플랜트는 혈당치 저하와 중성지방 억제에 효과가 있다고 알려져 있습니다. 줄기와 잎이 얼음 결정과 같은 모양을 가지고 있어서 "아이스플랜트"라는 이름이 붙여졌습니다. 가격은 조금 비싼 편입니다. 베란다에서 토경재배, 수경재배 모두 가능하며 씨앗은 카페에서 나눔을 받거나 구매를 통하여 얻을 수 있습니다.

아이스플랜트의 씨앗은 딸기보다 작아 다루기 어렵지만 발아율은 나쁘지 않은 편입니다. 옆에 사진은 씨앗을 파종하고 약 1달+15일 정도 지난 아이스플랜트의 모종의 모습입니다. 파종 후 발아된 씨앗을 핀셋으로 조심히 자리 잡아 옮겨 심었더니 이렇게 자랐네요.

파종한지 2달 정도 되었네요.
아이스플랜트는 파종하고서 수확까지 약 90일 정도 재배기간이 필요합니다. 이름 만큼이나 독특한 생김새의 아이스플랜트는 매력적인 맛을 자랑합니다.

▲ 아이스플랜트의 수확　　▲ 아이스플랜트는 단연 샐러드가 최고

아이스플랜트의 맛은 어떨까요? 처음 맛 본 사람이라면 '독특하다'입니다. 다육식물 답게 잎이 두터운 편으로 처음 혀 끝에서 경험해보는 아이스플랜트의 첫 느낌에 맛들면 얼마든 매니아가 될 것 같은 그런 식감과 풍미를 느끼게 합니다. 아이스플랜트는 샐러드처럼 간단하게 다른 채소와 어우러져 생으로 먹는게 좋습니다. 이름에서 풍기는 "아이스"의 얼음 같은 차가운 느낌은 실제 식감에서는 없지만, 다른 채소에 없는 다양한 좋은 성분을 가진 아이스플랜트는 재배는 물론 수확과 섭취의 기쁨을 모두 안겨줄 수 있는 건강한 베란다 텃밭 채소입니다.

2. 래디쉬

품종 탐방

래디쉬는 베란다에서 키울 수 있는 뿌리채소 중 파종 후에 수확을 가장 빨리 할 수 있는 품종입니다.

유럽이 원산지로 알려져 있으며 씨앗의 가격이 비싸지 않아 많은 베란다 텃밭 동호인들로부터 사랑받는 품종입니다. 특히 래디쉬는 20일 무라는 별명이 있는데, 재배 환경이 이상적인 경우 씨앗을 파종하여 수확까지 단 20일만 걸린다 하여 20일 무라고 불립니다.

베란다 텃밭은 노지 텃밭에 비해 햇빛을 덜 받기 때문에 30일~60일 정도 수확기간이 소요되는데 그래도 다른 작물에 비하면 빠른 편입니다.

래디쉬 재배

김장무 씨앗과 비슷하게 생긴 래디쉬 씨앗입니다. 래디쉬의 발아 기간은 다른 채소에 비해 매우 빠른 편입니다.

▲ 래디쉬 씨앗

물에 불린 후 1일~2일이 지나면 래디쉬는 발아를 시작합니다. 상온에서 발아가 잘 되는 편이며, 대부분의 무 종류와 마찬가지로 싹 틔우기가 쉬운 편입니다. 발아가 된 씨앗은 흙에 살짝 심어줍니다. 너무 깊게 심으면 싹이 올라오지 못할 수 있습니다. 노지텃밭에 비해 바람에 날릴 위험도 적어 흙을 얇게 덮어 주어도 크게 문제가 없습니다.

▲ 래디쉬 씨앗 발아

▲ 래디쉬 떡잎 발현, 본잎 발현

래디쉬는 다른 채소에 비해 초기에 많은 빛이 필요합니다. 떡잎이 흙을 뚫고 나오는 시기에 빛을 못 받으면 빠르게 웃자라게 되므로 풍부한 빛을 비추어 주어야 합니다. 만약 줄기가 길게 자라지 않았는데 본잎이 나왔다면, 실내텃밭이라도 빛이 부족하지 않았음을 의미합니다.

베란다 텃밭에서 래디쉬 한 포기면 2L 생수 페트병을 반으로 잘라 키우기 딱 맞는 크기입니다. 김장무나 알타리무만큼 개체가 크지 않기 때문에 좁은 공간이라도 키우는데 큰 문제가 없습니다. 수확 시기가 다가오면 빨간 줄기 부분이 굵어지면서 무가 되기 시작하며, 골프공만하게 커지면 수확이 가능합니다. 물론 더 일찍이나 늦게 수확해도 괜찮습니다.

래디쉬는 별다른 조리 없이 샐러드로 충분히 일품의 맛을 느낄 수 있습니다. 생장이 빠르고 열매도 예뻐서 오감이 모두 즐거운 래디쉬 재배만의 매력을 여러분도 느껴보세요.

▲ 래디쉬 샐러드

 ## 3. 바질

베란다 텃밭 동호인들이 가장 많이 접하는 허브중에서는 역시 바질을 빼놓을 수 없습니다. 생 잎의 바질은 요리와 차(茶)로써 활용이 매우 뛰어난 편인데, 구하기도 힘들고 가격도 비싸기 때문에 직접 재배하여 수확할 수있다면 그 즐거움은 배가 될 것입니다.

품종 탐방

▲ 스위트 바질

바질은 고대 왕궁에서 사용되던 고급 향신료로 아주 오래 전부터 사용되었습니다. 잎과 줄기를 모두 사용할 수 있으며 건조시키기 보단 생 잎을 사용하는 게 더 좋다고 알려져 있습니다.

생 잎은 밀폐용기에 담아 냉장 보관하면 오랫동안 보관할 수 있으며 토마토 요리, 샐러드, 잎을 우린 차 등 다양하게 쓰입니다.

바질 재배

▲ 물에 담근 바질 씨앗

바질 씨앗은 작은 검은 깨처럼 생겼지만 물에 담그면 마치 개구리알과 같은 모양을 띄게 됩니다. 처음에는 마치 곰팡이가 낀 것으로 착각할 수 있지만 이는 정상입니다. 바질은 물에 담근 후 다른 허브, 이를테면 카모마일, 로즈마리 등에 비하면 발아 기간이 짧은 편으로 보통 5일 이내에 발아를 합니다. 이처럼 발아 기간과 생장이 짧아 베란다 텃밭에 더욱 적합한 품종입니다.

발아된 바질 씨앗을 흙에 얕게 심어주면 떡잎과 본잎이 빠른 속도로 두 장씩 대칭으로 나오기 시작합니다.
본잎은 계속해서 수직 방향으로 나오며 생김새는 마치 거북이 등과 같은 귀여운 모양새로 매력을 뽐냅니다.

육묘통에서 적당히 자라면 정식을 거칩니다. 바질은 그다지 넓은 공간이 필요치 않으므로 베란다에서 부담없이 키울 수 있습니다.

잎의 수가 풍성히 늘어나면 바질 특유의 향을 내뿜게 되는데 베란다 텃밭을 하면서 가장 감동적인 순간이기도 하지요. 우리집에 허브향이 가득하다면 그 자체로도 수확에 버금가는 행복을 느끼게 될테니까요!

바질은 삽목이 쉽습니다. 키가 커지면 개체의 줄기를 잘라 물꽂이를 하고 며칠을 기다리면 그 곳에서 다시 뿌리가 내리는 것을 볼 수 있습니다. 이를 다시 뿌리가 손상되지 않도록 흙에 잘 심어주기만 하면 풍부한 양의 바질을 수확할 수 있습니다.

▲ 삽목 이후 바질

▲ 바질페스토

싱그러운 바질의 향을 오랫동안 간직하고 싶다면, 바질 페스토를 만들어 보관하세요.
직접 수확한 바질은 무농약은 물론 직접 키우는 사람의 정성이 더해지기 때문에 밖에서 사다먹는 바질에 비할 바 못됩니다. 마늘이나 올리브유 등을 첨가하여 잎을 잘 으깨 만드는 바질 페스토는 내 요리의 품격을 한층 높여줄 것입니다. 키우기 쉽고 요리의 활용도가 높기 때문에 베란다 텃밭을 한다면 꼭 추천하는 품종이 바로 이 바질입니다.

4. 딸기

다년생 베란다 텃밭 작물 중 관상 효과가 높고 수확의 기쁨이 가장 큰 작물을 하나를 꼽으라면 역시나 딸기입니다. 딸기는 제철이 되면 주변에서 구하기 쉬운 편이지만, 가격이 만만치 않기 때문에 베란다에서 직접 키워서 수확한다면 높은 만족을 얻을 수 있지요.

품종 탐방

딸기는 다년생 식물로 베란다에서 관리를 잘 한다면 몇 년간 수확을 할 수 있습니다. 비단 수확 뿐 아니라, 여름에는 러너라 불리는 줄기 번식을 하게 되는데 번식된 포기의 뿌리를 토양에 잘 활착시킨다면 이웃에게 많은 양의 딸기 모종을 나눌 수 있게 되지요. 딸기는 봄에 수확이 가능한 작물이므로 단기만 사용할 수 있는 텃밭에서는 키우기 어렵습니다. 그래서 단기 임대 방식의 주말농장보다는 사계절 곁에 둘 수 있는 베란다 텃밭에 더욱 알맞은 채소이지요.

딸기 재배

여름이나 가을에 심은 딸기는 겨울철 베란다에서 월동하는데 크게 문제 없으며, 봄이 되면 왕성하게 자라나 꽃을 피우고 열매를 맺기 시작합니다. 베란다 한 켠에서의 생산성을 생각해보면 쌈채소에 비해 많은 결실을 맺는 편은 아니지만 딸기가 가진 색과 열매의 달콤함을 생각하면 무척 매력적인 베란다 텃밭 작물임에 틀림없습니다.

다른 채소에 비해 거름을 많이 필요로 하며 딸기가 한번 열리면 바닥에 닿지 않게 해주는 게 중요합니다. 딸기 열매는 흙 바닥에 닿으면 쉽게 상해버리지요.

딸기는 러너 줄기라는 독특한 방식으로 번식을 합니다. 열매를 맺는 봄이 지나 여름이 되면 각각의 엄마 딸기는 왕성하게 줄기를 뻗습니다. 이 아기 줄기는 열심히 번식중이네요. 화분 밖으로 러너 줄기가 뻗었다면 흙을 준비하여 살짝 묻혀주세요.

머지않아 뿌리가 생겨나 왕성히 뿌리를 내리면 독립된 개체로써 자라나기 시작합니다. 엄마 딸기 한포기를 잘 키운다면 여름에 아기딸기 10포기 정도는 어렵지 않게 얻을 수 있습니다. 번식된 개체들은 모두 키우기 힘들 정도로 많은 공간을 차지할텐데 주변 이웃에게 나누며 딸기 재배를 교감하면 더 없는 즐거움이 될 것입니다.

딸기 꽃이 피었다면 열매를 맺기 전 꽃을 감상하는 것으로도 큰 즐거움입니다.
어느날 딸아이에게 딸기꽃을 보여주며 이 작은 꽃이 열매가 된다고 설명해줬습니다.

그로부터 얼마 후 열매가 하나 둘 맺으며 자라나는 모습을 신기하게 바라보는 아이의 표정을 보면 웃음이 절로 나옵니다.

5. 비타민채 (다채)

베란다에서 키우기 쉬운 채소 중에서도 늘 상위권에 손꼽히는 작물인 비타민채. 아기를 키운다면 이유식으로도 사용하기 좋아서 엄마 농부들에게도 인기인 비타민채를 소개합니다.

품종 탐방

▲ 비타민채

다채라는 이름으로 잘 알려진 비타민채는 비타민 성분이 많이 함유되어 있다 하여 비타민채, 비타민이라고 불립니다. 일 년 내내 베란다에서 재배가 가능하고 맛이 깔끔하여 요리로 사용하기에 최고입니다.
다른 채소에 비해 웃자람이 덜해 재배하기 쉬운 편이므로 비타민채를 키우는 동호인이 많습니다.

비타민채 재배

씨앗을 대충 뿌려 대충 키워도 베란다 텃밭에서 왠만해선 잘 자라는 편이라 초보 베란다 텃밭 가드너에게 늘 추천하는 작물 중 하나입니다.
상추 재배의 경우 초기 웃자람을 잡지 못하면 새싹이 쓰러져서 이를 수습하기가 쉽지 않지만, 비타민채는 씨앗을 흙에 뿌려 발아하는 시간부터 웃자람을 크게 신경 쓰지 않아도 왕성하게 자라기 때문에 실내 텃밭에서 어렵지 않게 성공의 기쁨을 맛볼 수 있는 작물입니다.

▲ 비타민채 베란다 재배

비타민채는 자라면서 한번 속도가 붙기 시작하면 왕성한 잎을 만들어냅니다.
수확은 몇 주에 걸쳐 지속적으로 바깥쪽 잎부터 해주면 되며, 꽃대를 올리는 시기까지 풍성한 수확을 할 수 있습니다.

▲ 비타민채와 다양한 쌈채 수확

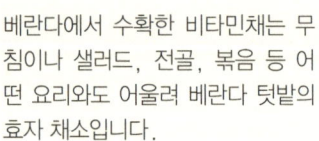

베란다에서 수확한 비타민채는 무침이나 샐러드, 전골, 볶음 등 어떤 요리와도 어울려 베란다 텃밭의 효자 채소입니다.

▲ 비타민채 버섯 샐러드

매력 넘치는 '희귀채소 재배'란 주제를 가지고 내용을 담아보았습니다. 그 매력이라 함은 밖에서 사먹으면 절대로 경험할 수 없는 우리 아이가 느끼는 수확의 기쁨일테지요. 희귀채소의 희귀성보다 더 소중한 내 아이의 가치 있는 수확 경험, 이 소중한 가치는 베란다 텃밭을 경험하면서 얻을 수 있는 또 하나의 보석이라고 생각합니다.

베란다 텃밭 재배 상식들

나베텃 카페에서 가장 많이 받는 질문을 위주로 구성한 '초심자를 위한 베란다 텃밭 재배 상식'입니다. 베란다 텃밭을 가꾸다 보면 다양한 돌발 변수가 생길 수 있습니다. 처음부터 운 좋게 대풍을 이루는 회원도 있지만, 씨앗의 싹을 틔우는 것부터 어려움을 겪는 분들도 적지 않지요. 그럼 많은 사람들이 궁금해하는 재배 상식을 살펴보겠습니다.

1. 베란다 텃밭, 흙은 어떤 것을 써야 합니까?

구입하여 쓰실 것을 권장합니다. 시중의 상토와 배양토 제품은 많이 나와 있습니다. 밭에서 퍼온 흙을 쓸 수도 있으나 노지의 온갖 벌레와 예상치 못한 병균이 따라올 수 있기에 권장하지 않습니다.
가장 이상적인 흙의 조건은 물빠짐(배수), 물지님(보습), 뿌리호흡(통기성)이 용이한 좋은 흙입니다.

2. 씨앗은 어떤 것을 써야 하나요?

야채를 먹고 나온 씨앗(토마토 씨앗, 파프리카 씨앗 등)은 재배에 적절치 않습니다. F1의 씨앗으로 재배한 결실의 F2를 채종하였기에 그 씨앗으로 온전한 개체가 재배되지 않는 경우가 많습니다.
구입해서 사용하거나, 토종 씨앗을 구해 베란다 텃밭을 시작하는 것이 바람직합니다. 나베텃 카페에서는 회원간 씨앗 나눔이 활발한 편입니다. 나눔을 이용한다면 큰 비용 부담 없이 채소 씨앗을 구할 수 있고 베란다 텃밭을 일굴 수 있을 것입니다.

3. 화분은 어떤 것을 사용하나요?

유리와 사기, 또는 나무 화분이 가장 좋습니다만, 관리가 어렵고 불편하단 단점이 있습니다. 플라스틱류나 스티로폼류의 화분 역시 사용이 가능한데 특히 우리 주변에서 쉽게 구할 수 있는 2.0리터 생수병이나, 요구르트병, 우유팩과 같은 재활용품을 활용해 화분으로 많이 쓰입니다. 수경재배와 토경재배의 화분 차이는 구멍을 뚫은 여부에 따라 갈립니다. 토경재배 화분은 물빠짐이 좋아야 채소 뿌리가 건강히 호흡을 할 수 있으므로 구멍이 많을수록 좋은 화분입니다. 반면 수경재배는 물이 담겨 있어야 하기 때문에 물이 새지 않아야 하고, 배드를 거치할 수 있는 구조라면 좋은 화분이라 할 수 있습니다.

4. 화분 물주기는 어떻게 해야 하나요?

물주기는 베란다 텃밭에서 매우 중요한 관리법 중 하나입니다. 베란다 텃밭을 처음 접하는 회원의 90%는 과습의 함정에 빠지게 된다고 표현하여도 과하지 않을 정도로 너무 많은 물을 주어 문제를 겪는 경우가 많습니다. 베란다 텃밭에서 물을 주는 방법은 의외로 간단합니다.

일단 정식을 마친 화분이 있다면 물이 바닥에 뚝뚝 떨어질 정도로 흠뻑 적셔줍니다. 며칠 후 화분의 흙을 살짝 팠을 때 말라 있다면 다시 물로 흠뻑 적십니다. 과습의 함정은 흙이 충분히 마르지 못했는데 물을 주어 뿌리가 호흡할 수 있는 시간을 잃어 작물의 생육이 불량해지는 경우입니다.

물주기 방법이 너무 어렵다면 이런 극단적인 방법도 있습니다. 물을 아예 주지 않으면 언젠가 채소가 시드는 모습을 보이게 되는데, 이때 물을 흠뻑 적셔줍니다. 과습으로 인하여 채소가 상하는 경우보다는 실패 확률을 줄이는 방법이기도 합니다.

5. 발아가 안됩니다. 무슨 문제일까요?

몇 가지를 확인해야 합니다. 씨앗이 오래되어 죽었을 수도 있습니다. 이 경우 새로운 씨앗으로 교체하여 다시 시도하는 것이 좋습니다.

발아의 조건을 보면 적절한 온도와 빛, 물, 그리고 공기와 시간이 필요합니다. 하지만 그 조건은 품종마다 다르기 때문에 같은 날에 파종을 했어도 발아까지 걸리는 시간이 짧으면 하루, 길면 한 달까지도 걸릴 수 있습니다.

가장 간단한 발아법이 있습니다. 솜발아 파종법이라고해서 나베텃 카페에서 많이 사용되는 방법입니다. 촉촉하게 적신 솜이나 티슈에 씨앗을 올려주고 상온(20도~25도)에서 기다려줍니다. 종자에 닿는 수분이 건조해지지 않게 유지하고 공기와 접촉을 하며, 명암(빛과 어두움)을 반복하고 적정한 온도(20도~25도)를 유지해준다면 근시일 내에 발아를 할 수 있습니다. 토마토처럼 시간이 걸리는 씨앗도 있지만, 쌈채류나 근채류 등은 발아 기간이 짧습니다.

6. 새싹이 나왔는데 콩나물처럼 힘도 없고 키만 큽니다. 왜 그런가요?

복토의 과정

베란다 텃밭에서 흔하게 겪기 쉬운 웃자람 현상 때문입니다. 빛이 부족한 베란다에서 웃자람 없이 건강한 모종을 생산했다면 이미 초보는 아닌 셈입니다. 그만큼 베란다 텃밭에서는 웃자람 해결이 큰 숙제이기도 합니다. 처음 씨앗을 물에 불리고 베란다 텃밭에 정식 직전의 어느 정도 모종이 되는 시기까지의 웃자람 관리는 베란다 텃밭의 열쇠라 할 수 있습니다. 새싹에 풍부한 빛을 보여주는 것이 중요한데, 형광등이나 백열 전구도 좋지만, 되도록 LED전구의 사용을 권장합니다. LED전구는 효율이 매우 뛰어날 뿐만 아니라 다른 전구에 비해 더 많은 양의 빛을 낼 수 있기 때문에 채소가 뜨거운 열기에 상할 염려도 적고 충분한 빛을 받을 수 있습니다. 물은 되도록 줄이고 빛을 되도록 많이 비추어준다면 웃자람 걱정은 사라질 겁니다. 한번 웃자란 새싹을 살릴 수 있는 방법으로는, 복토나 흙을 덮어줌으로써 웃자란 새싹이 쓰러지지 않게 하여 건강히 키우는 방법 등이 있습니다.

7. 베란다 텃밭 작물은 어떤 것이 가장 쉬운가요?

연중 온도에 약 10도 정도 더하여 계산하면 월별로 키우기 쉬운 작물을 알 수 있습니다. 그 중에서도 가장 쉬운 작물을 꼽으라면 새싹채소가 가장 쉬운 편이고 뿌리채소, 잎채소, 그리고 열매채소 등이 있습니다.

새싹채소는 씨앗과 물만으로도 키울 수 있는데 영양학적으로 결코 뒤지지 않기에 많은 사람들의 사랑을 받습니다. 창문으로 태양빛이 거의 들지 않는 실내에서도 새싹채소는 얼마든지 키울 수 있어 재배에 제약이 적습니다. 뿌리채소와 잎채소는 씨앗을 뿌리고 얼마 지나지 않아 짧은 기간 내에 수확이 가능합니다. 알타리무와 래디시 같은 뿌리채소가 키우기 쉽고 베란다 텃밭에서도 튼실한 수확을 할 수 있으며, 잎채소류는 경수채, 아욱 등이 베란다에서 키우기 쉽습니다.

열매채소는 베란다 텃밭에서 난이도가 가장 높습니다. 유실수는 비교적 넓은 공간이 필요하여 베란다 텃밭에 적합치 않으며, 옥수수, 수박, 참외와 같은 작물들은 햇빛이 부족하면 큰 열매를 맺기 어렵습니다. 완두콩과 방울토마토가 과채류 중 그나마 베란다 텃밭에서 키우기 쉽지만, 병해나 충해로부터 오랜 기간을 꾸준히 보호하고 관리해줘야 열매를 볼 수 있기 때문에 결코 만만하진 않습니다.

8. 수경재배로는 어떤 작물을 키울 수 있나요?

일반적인 쌈채소는 거의 다 가능합니다. 오이나 토마토와 같은 과채류 역시 수경재배로 성공률이 높기 때문에 사랑 받는 작물입니다. 수경재배 기술이 아직 보편화되진 않았지만 매우 각광받는 분야로 그 기술은 나날이 발전하고 있습니다. 나베텃 카페에서도 수경재배에 대한 선호도가 높아지고 있으며, 재배할 수 있는 작물의 수도 점차 늘고 있는 편입니다.

9. 농약 없이 키울 수 있을까요?

익충과 해충

나베텃 회원 분들 대부분의 공통 목표는 농약 없이 재배하는 것입니다. 저 역시 오랫동안 베란다 텃밭을 일구며 아직까지 농약 한번 구입한 적이 없습니다. 외부의 유입이나 흙 혹은 유기 비료를 통해 번지는 벌레가 있을 수 있지만, 이를 자연의 일부이고 살아 있는 텃밭 생태계로 생각하면 크게 나쁘지 않다고 봅니다. 채소에 해로운 해충류(진딧물, 응애, 총채 등)가 아니라면 잘 세척하여 수확하면 그 또한 베란다 텃밭만의 묘미라고 봅니다. 약을 사용하여 싱싱하고 너무도 깨끗한 농산물과, 벌레가 좀 먹고 깨끗하지만은 않은 농산물 중 하나를 선택하라고 하면 저는 후자를 선택할 겁니다. 벌레가 머물다 약을 쳐서 죽은 채소보다, 벌레가 머물며 건강히 섭취할 수 있는 채소가 사람에게도 좋은 것은 당연할 것입니다.

하지만 채소에서 나오는 벌레가 끔찍이 두렵다면, 대안으로 친환경 방제법이 있습니다. 농가에서도 값싼 농약을 사용하기보다, 비싸지만 제충국과 같이 사람에게 무해한 친환경 제재를 사용하는 것을 종종 볼 수 있습니다.

10. 모종은 꼭 만들어야 하나요?

모종은 구입해도 되지만, 만들어서 사용 하는 것이 훨씬 경제적입니다.

모판에 별도의 모종을 만들지 않고 화분에 직파를 하여 바로 키워내는 것도 가능하지만, 권장하지는 않습니다. 앞서 여러 차례 언급한 대로 실내텃밭은 '빛'과의 싸움이라 해도 과언이 아닌데, 좁은 영역에 모여 있는 작은 새싹이 LED와 같은 인공광을 집중하기에 용이하기 때문에 모종을 모판에서 키우는 것이 유리합니다. 본잎이 몇 장 발현하고서 20여일까지의 과정은 매우 중요합니다. 이때 웃자람 없이 잘 키워낸다면 이후 빛이 비교적 부족한 실내더라도 웃자람으로 인한 피해는 적은 편입니다.

 **11. 수경재배 비료를 비교해주세요**

 가장 구하기 쉬운 수경재배 비료로 코씰의 종합한방양액, 대유의 물푸레, 그리고 하이포넥스 미분등이 있습니다.

베란다 텃밭 OX퀴즈

베란다 텃밭의 해충은 진드기이다?

진딧물과 진드기는 이름이 비슷하지만 전혀 다른 생물입니다. 베란다 텃밭에서 채소에 피해를 주는 것은 진딧물입니다.

베란다 텃밭에서 상추재배는 사계절 가능하다? ✕

한여름은 베란다 텃밭에서 상추가 자라기 매우 어렵습니다. 온도가 너무 높은 여름의 베란다 환경에서는 상추 재배를 되도록 피하는 것을 권장합니다. 상추는 더위를 견디는 능력이 약한 편으로 여름에 생산이 어렵습니다. 시장가격이 올라가는 이유이기도 하지요.

비닐 멀칭은 베란다 텃밭에서 안 하는 것이 낫다?

노지 텃밭에서는 멀칭으로 잡초를 억제하고 토양의 건조함을 방지할 수 있습니다. 하지만 베란다 텃밭에서의 멀칭은 오히려 과습을 유발시킬 수 있고 노지와 같은 잡초의 위험이 많은 상황도 아니므로 작업이 필요치 않습니다.

침종을 하면 발아가 빠르다?

종자마다 다르지만 물에 담금을 한 씨앗이 발아가 대체로 빠른 편입니다. 나베텃 회원들의 종자 파종은 대부분 물불림에서 시작합니다. 물불림은 빠른 발아를 위한 좋은 방법입니다.

토마토는 광발아 종자다?

베란다에서 키울 수 있는 채소의 상당수가 광발아 종자이지만, 토마토나 오이 같은 품종은 빛을 쬐면 발아가 저해됩니다. 암흑조건에서 발아가 잘 되는 편으로, 암발아종자라 합니다.

뿌리를 먹는 채소를 과채류라 부른다?

잎을 수확하는 채소를 엽채류, 뿌리를 식용으로 하는 작물은 근채류라 부릅니다.
참외와 수박같은 과실을 식용으로 하는 채소를 과채류라 합니다.
베란다 텃밭은 부족한 광량으로 인해 과채류의 풍성한 결실이 비교적 어려운 편입니다.

상추씨앗 100립이면 베란다 풍성한 베란다 텃밭이 가능하다?

나베텃 카페 회원 중에 상추 씨앗 한 봉(보통 1000~3000립)을 구입하여 모두 파종하시려는 분이 있습니다. 씨앗을 솎아도 새싹채소용으로 사용하기에 부적합하며, 씨앗이 낭비되기에 옳은 재배는 아닙니다. 발아율이 좋은 씨앗을 가지고 있다면 딱 필요한 만큼만 파종해도 베란다 텃밭을 채우는데 충분합니다. 상추 씨앗 100립이면 상추 100포기가 자랄 건데 이미 그 양만으로도 공간을 걱정해야 할 정도로 어마어마할 겁니다.

나베텃 동호인들의 생각

네이버에 나베텃 카페를 개설한 후 오랜 기간이 지난 것은 아니지만, 어느새 카페는 많은 회원들이 모여 다양한 이야기를 나눌 수 있는 공간으로 바뀌었고, 이제는 제법 성공한 인터넷 카페의 모습을 갖추게 되었습니다. 나베텃 카페를 운영하며 접했던 회원들의 희로애락이 담긴 이야기들이 아직도 제 머리에는 모두 생생하게 남아있습니다. 농업적인 감각이 뛰어나 처음부터 베란다 텃밭에서 대풍을 이루는 회원들도 있지만 대부분 처음에는 수많은 어려움으로 고전을 합니다. 베란다 텃밭을 앞서 경험한 저희 회원들의 생각을 정리하여 유용한 자료들을 모아보았습니다.

제 베란다 텃밭의 첫 시작은 상추 모종 다섯 주를 천 원에 구입한 것이었습니다. 길을 가다가 우연히 농약사 모종을 구입하여 베란다 텃밭에 아기자기하게 심었는데, 결과는 참패였습니다. 물주기 방법이나 관리법에 대한 지식이 부족하다 보니 상추가 얼마 안가 죽고만 것이지요. 나베텃 카페 회원들은 씨앗부터 파종하는 것과 모종을 구입하여 시작하는 농사 중 어느 경우를 더 선호할까요?

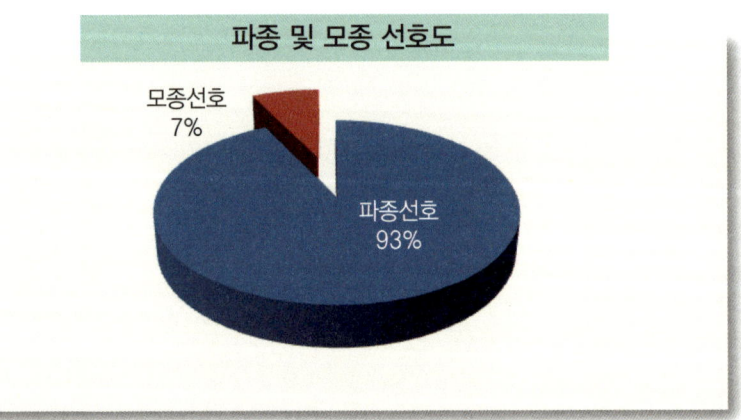

나베텃 회원들의 파종 및 모종 선호도는 옆 차트와 같았습니다.
다수가 모종을 구입하여 시작하는 재배방법보다는 자가 파종을 하여 모종을 길러내고 수확을 하는 방식을 선호함을 알 수 있었습니다. 씨앗을 직접 파종하는 데에 더 가치를 두었기 때문에 선호도가 한쪽으로 기울었던 것이지요.
직접 씨앗을 구입하여 파종하는 방식은 다양한 장점을 가집니다.

1. 경제성

씨앗의 값은 모종의 값보다 저렴합니다. 토마토를 예를 든다면, 5천원을 가지고는 토마토 모종 몇 포기를 구입할 수 없지만, 5천원 어치의 토마토 씨앗을 구입하여 직접 길러낸다면 10배 이상의 많은 모종을 키울 수 있게 됩니다.

2. 시기의 자율성

시장이나 종묘사에서 파는 모종은 대게 노지 농사에 적합한 모종이라 할 수 있습니다. 고추모종은 봄에 나오고 배추모종이 가을에 나오는 것도 수요가 집중되는 시기에 모종을 생산하기 때문이지요. 베란다 텃밭은 그에 비해 계절의 제한을 덜 받는 편이긴 하나, 한겨울이나 노지텃밭의 계절에 맞지 않는 모종은 구입하기가 여간 쉽지 않습니다. 역시나 씨앗만 가지고 있다면 사시사철 편한 시기에 채소재배를 할 수 있다는 장점이 씨앗 파종의 선호도가 높은 결정적인 이유이기도 합니다.

3. 다양성

모든 품종의 작물이 모종으로 판매되진 않습니다. 시장에서 구할 수 있는 모종은 보편화된 작물, 이를테면 상추라면 축면상추 외 몇 가지가 대부분입니다. 우리가 베란다에서 키울 수 있는 상추의 종류만 50여종인데, 다양하게 키워보고자 하는 욕구를 충족하려면 모종을 구입하는 것이 맞지 않을 수 있습니다. 나베텃 회원들이 키우는 채소가 약 400여종에 이르는데, 그런 다양성을 선호하는 회원들의 선호도가 투표에 반영되었다고 볼 수 있습니다.

식물이 좋아서 처음 베란다 텃밭을 시작하게 되었고, 과정 중에 실패도 많았지만 아이와 수확을 경험할 수 있었고 돌이켜보면 행복한 시간이었습니다. 회원마다 베란다 텃밭을 시작하게 되는 계기도 다양할 테고 선호하는 이유도 다를 것입니다. 베란다 텃밭이 좋은 이유, 나베텃 회원의 생각을 들어보았습니다.

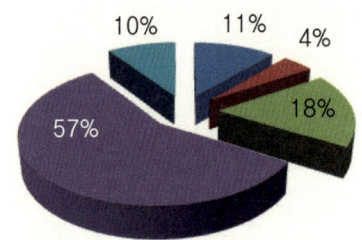

나베텃 회원은 절반 이상이 키우는 즐거움을 가장 높은 가치로 응답하였습니다. 교육성과 자부심, 채소 재배의 실용성과 인접한 텃밭의 편의성 모두 적지 않게 최고 가치로 꼽았습니다.

작물 재배를 하려면 손이 많이 가고 정성을 기울여야 하는 것은 어느 경우나 마찬가지일 겁니다. 베란다에서 작물이 자라나는 모습을 관찰할 때의 기쁨과 채소를 수확할 때 기쁨은 베란다 텃밭을 하는 많은 이들이 느끼는 최고의 가치가 아닐까 싶습니다.

그렇다면 베란다 텃밭을 경작하며 가장 힘든 순간으로 무엇을 꼽았을까요?

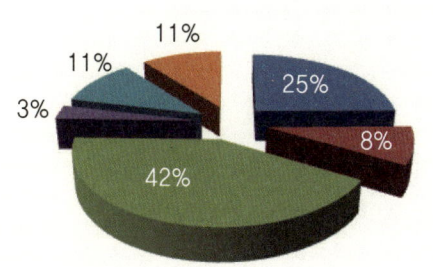

나베텃 회원들은 진딧물, 총채벌레, 뿌리파리와 같은 벌레에 의한 충해를 가장 힘들게 하는 요인으로 뽑았습니다. 여기에 원인 모를 병해까지 합쳐져 병충해가 전체의 절반을 차지하게 되었습니다. 빛의 부족도 대표적인 난제에 속하지만, LED 등의 사용으로 어느 정도 극복할 수 있어 예상만큼은 순위가 높지 않았습니다.

해충에 의한 농작물 피해는 노지 텃밭뿐 아니라 베란다 텃밭에서도 빈번히 발생하는 일입니다. 그러나 나와 내 가족이 섭취할 농작물이기에 농약을 사용하는 사람은 거의 없습니다. 보통 천연살충제를 쓰거나 가정에서 제조 가능한 해충 퇴치법을 이용하지만 완전한 해충 퇴치는 쉽지 않습니다. 이런 이유로 토경재배보다 수경재배를 선호하는 회원의 비중이 늘어가는 추세이지요. 수경재배는 토경재배에 비해 충해의 발생 빈도가 훨씬 적기 때문입니다.

쌈채소의 색상 선호도에 대해 알아보았습니다.
대부분의 쌈채들은 짝꿍처럼 청-적 채소 품종이 붙어있습니다. 가령 청치마상추와 적치마상추가 있고, 청겨자와 적겨자, 경수채와 적경수채, 치커리와 적치커리 등이 있습니다.

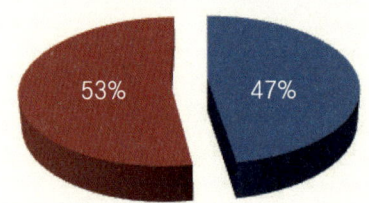

결과는 근소하게 붉은 계열의 쌈채소에 대한 선호도가 높은 편이었습니다. 다만, 여기에 한가지 함정이 숨어있습니다. 베란다 텃밭은 적색 발현이 쉽지 않다는 점입니다. 적색을 띄어야 하는 쌈채소이지만, 빛이 부족한 실내텃밭에서는 그렇지 못하는 경우가 많습니다. 적치마 상추와 적겨자를 심었는데, 적색이 아닌 청색을 띄는 모습을 쉽게 찾아볼 수 있는 경우도 이에 해당합니다. 빛을 충분한 받아야 적색 발현이 가능한데, 이처럼 노지텃밭에서는 겪기 어려운 문제가 베란다 텃밭에서 생기게 되는 것이지요.

베란다 텃밭에서 적색 쌈채소를 키우고 싶다면, 조금 더 빛을 가까이 하는 노력이 필요합니다.

나베텃 회원들의 수경재배와 토경재배의 선호도에 대해 알아보았습니다. 전통적인 방법의 흙재배와 최근 각광받고 있는 수경재배는 어느 쪽이 맞고 틀리다고 말할 수 없습니다. 다만, 재배 방식에서 분명한 차이가 있고 공간의 활용성이나 비용의 차이에 따라 장단점이 명확히 갈라집니다. 나베텃 회원들의 이야기를 종합해보았습니다.

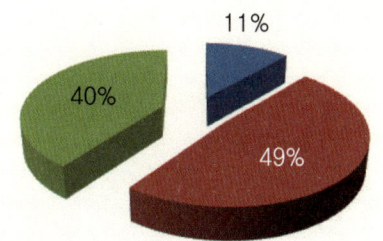

수경재배, 토경재배

- 현재 수경 재배 중: 11%
- 현재 토경 재배 중: 49%
- 현재 둘 다 병용: 40%

수경재배의 비중은 전체 회원의 절반 정도이며, 토경재배의 비중은 90%입니다. 대부분의 회원이 흙 재배로 시작하여 수경재배를 접하는 절차를 밟고 있습니다. 흙에서 생기는 병충해로부터 안전하기에 수경재배를 선호하는 것이지요. 좁은 공간에서 상당한 생산량을 이룰 수 있어 수경재배는 베란다 텃밭을 시작하는 분들께 강력히 추천하는 방법이기도 합니다.

Epilogue

제 베란다 텃밭이 처음 시작된 지난 날을 되짚어 보았습니다. 걱정 없는 먹거리를 만들고자 텃밭을 시작한 건 아니었습니다. 결혼 이후 오래 전부터 집에 화분을 하나씩 들이게 되었고, 물을 주며 보살피다 보니 어느덧 식물이 한 가족이 되었지요.

언젠가 '왜 먹는 것은 집에서 키우지 못하는가?'라는 작은 물음표를 던져 '그래, 베란다에서 한번 시작해보자!'라고 결심한 것이 지난 2009년이었습니다. 꽃상추 모종 5포기, 단돈 1000원(지금 생각해보면 적축면 상추 품종이었는데 그때는 '상추는 그냥 다 상추다!'라고 생각했습니다.)으로 구입하여 작은 딸기 대야에 심은, 그 5포기의 상추가 베란다 텃밭의 시작이었습니다.

품종이 베란다 텃밭 계절에 맞지 않아 녹아 내렸고, 물을 많이 주어 병이 들어 베란다 텃밭의 첫 인상은 낙제점에 가까웠습니다.

아무것도 모르고 시작한 상추 5포기의 수확량은 고작 몇 잎뿐이었습니다. 앞마당 작은 텃밭에서는 채소를 풍성히 키워본 내가 대체 왜 이런 결과를 얻었을까! 억울하기도 하고 답답한 마음에 그때는 흔치 않던 베란다 텃밭 재배기술을 공부하게 되었고, 당시엔 너무도 비싼 LED 전구를 구입하며 나만의 작은 연구실을 열게 되었습니다. 다양한 논문을 찾아보고 여러 연구자료도 살펴보며 공부하면서 '아, 이래서 내가 실수를 했구나.' 알게 되었지요.

채소가 커가는 과정을 기록하고, 사진으로 남기고…… 결국 베란다 텃밭은 취미로써 더할 나위 없이 훌륭하고 즐거우며 교육적인 소재가 되는데 손색이 없음을 깨닫게 되었습니다.

2013년 나베텃 카페를 개설하며 베란다 텃밭 동호인들을 하나로 모을 수 있게 되었습니다. 이렇게 즐겁고 유익한 걸 많은 분들과 같이 해보자는 차원에서 카페가 개설되었고 한 분 한 분 모이다 보니, 어느새 많은 분들께 사랑받는 베란다 텃밭 커뮤니티로 성장하게 되었습니다.

베란다 텃밭을 일구면서 즐거운 일만 있던 것은 아니었습니다. 진딧물과 같은 해충이 적게 발생하는 경우가 있는데, 초기 진압을 하지 못해 베란다 텃밭 전체에 번지는 불상사가 생기기도 했습니다. 원래 벌레에 민감하지 않았지만, 고춧잎과 줄기에 달라 붙어 있는 수 천 마리의 진딧물을 보며 깊은 한숨을 쉰 적도 있었습니다. 고춧잎 한 장에 보통 10~100마리 정도의 진딧물이 있는데, 그 고춧잎이 수백 장이었으므로 전체 진딧물의 수는 상상을 초월하였겠지요. 꼬박꼬박 채소를 관찰하면서 문제 발생 초기에 방제를 했어야 하는데, 초기 대응을 놓쳐버리니 죽어가는 고추나무를 허탈하게 바라볼 수 밖에 없었습니다. 내가 먹기 위해 키우는가, 벌레가 먹기 위해키우는가 의문이 들 정도였습니다.

또 다른 안 좋은 기억은 노력에 비해 수확물이 적은 경우였습니다. 방울토마토를 키워보고자 오래 가꾸고 돌보며 애정을 쏟았지만, 결국 내게 내준 토마토는 몇 알 뿐이었습니다. 토마토의 생육을 이해하지 못해 생긴 일이었지요.

과채류는 엽채류에 비해 결실이 적은 편인데, 과채류는 아주 적은 수확물만 남기고 채소가 죽어버리기 때문에 그간의 긴 시간의 노력이 허무하게 느껴지기도 한답니다.

주변의 혹자는 이렇게도 이야기합니다.
"그거 얼마나 수확한다고!
그렇게 키워봤자 차라리 사먹는게
더 싸겠다!" 야속하기도 했지만,
이분들께 홈가드닝 채소재배의 소중함을
이해시키는 건 오로지 수확물을 같이 먹으며
이야기를 나누는 게 맞겠다는 생각을 했습니다.

그래서 어느 날 한 분을 집에 초대해 베란다에서 상추를 한 바구니 수확하여 삼겹살을 멋들어지게 구워 대접했습니다.
그분이 한 쌈을 먹고 그 맛에 즐거움을 느끼는 것을 보면서 저는 살짝 귀띔을 해줬습니다. "안 씻고 바로 먹는 채소, 농약이 묻어있지 않은 채소는 값으로 따지면 얼마일까요?" "가격이요? 글쎄요, 저도 모르겠습니다.
나와 내 가족만 먹을 수 있어 값으로 따질 수 없는 귀한 채소입니다."라고.

나만의 텃베란다 밭이야기

나만의 베란다 텃밭 이야기
부제 : 미니멀 가드닝

초판 인쇄 | 2016년 6월 1일
초판 발행 | 2016년 6월 5일

지은이 | 유민형
발행인 | 조규백
발행처 | 도서출판 구민사
　　　　　(07301) 서울특별시 영등포구 문래로 187, 604
　　　　　(영등포동4가 동서빌딩)

전화 | 02.701.7421~2
팩스 | 02.3273.9642
홈페이지 | www.kuhminsa.co.kr

등록 | 제14-29호 (1980년 2월 4일)
ISBN | 979-11-5813-258-3 (13590)

값 16,000원

※ 낙장 및 파본은 구입하신 서점에서 바꿔드립니다.
※ 본서를 허락없이 부분 또는 전부를 무단복제, 게재행위는 저작권법에 저촉됩니다.